GAUCHE : LES QUESTIONS QUI FÂCHENT...

ET QUELQUES RAISONS D'ESPÉRER

DENIS SIEFFERT

GAUCHE : LES QUESTIONS QUI FÂCHENT...

ET QUELQUES RAISONS D'ESPÉRER

{ LES Petits matins }

Du même auteur :

Mélenchon et les médias (avec Michel Soudais), Politis, 2012

La Nouvelle Guerre médiatique israélienne, La Découverte, 2009

Comment peut-on être (vraiment) républicain ?, La Découverte, 2006

Israël-Palestine : une passion française, La Découverte, 2004

La Guerre israélienne de l'information (avec Joss Dray), La Découverte, 2002

Couverture : Thierry Oziel
Maquette : Marie-Édith Alouf

Les petits matins, 31, rue Faidherbe, 75011 Paris
www.lespetitsmatins.fr

ISBN : 978-2-36383-286-3
Diffusion : Interforum – Volumen
Distribution : Interforum

SOMMAIRE

Introduction 11

Chapitre 1 – À la recherche d'une définition 23

Chapitre 2 – Un risque réel de disparition 39

Chapitre 3 – Les causes historiques du désastre 47

Chapitre 4 – L'ère Mitterrand ou le début de la fin 59

Chapitre 5 – Le sociétal contre le social, puis l'inverse 73

Chapitre 6 – Le coup de grâce à la social-démocratie 79

Chapitre 7 – Les ravages de l'abstraction républicaine 83

Chapitre 8 – Ces mots qui nous gouvernent encore 99

Chapitre 9 – La laïcité manipulée 109

Chapitre 10 – Vous avez dit « liberté d'expression » ? 123

Chapitre 11 – Peut-on encore faire la révolution ? 137

Chapitre 12 – Notre démocratie mérite-t-elle une révolution ? 151

Chapitre 13 – Le progrès toujours en question 161

Chapitre 14 – La gauche et le chaos du monde 173

Chapitre 15 – Mélenchon ou la tentation hégémonique 179

Chapitre 16 – L'ombre terrible de la Syrie 189

Chapitre 17 – Leur morale et la nôtre 205

Chapitre 18 – Populisme et populisme 209

Conclusion 223

À Jérémie et Mathias
À Léon et Maya

« Quand on se trouve devant l'alternative : dire la vérité sans marquer sa différence ou ne pas dire la vérité du tout, alors je suis malgré tout – à contrecœur – pour qu'on dise la vérité sans marquer sa différence. »

Günther Anders, *Et si je suis désespéré, que voulez-vous que j'y fasse ?* (Allia, 2010)

Introduction

Lorsque le projet de ce livre a été conçu, il était à peine question de pandémie. Personne n'avait encore pris la mesure du fléau qui allait bouleverser nos existences. Pas davantage nous ne nous attendions à subir le choc de nouveaux attentats islamistes, quoique la crainte ne nous ait jamais quittés. Ces événements, de natures si différentes, ont quelques points communs. Ils ont produit sur notre société une angoisse collective dont les pages qui suivent sont évidemment le reflet. Ils ont aussi favorisé des appels à l'union nationale qui ont posé à la gauche des problèmes politiques et moraux. Comment s'opposer? Le faut-il seulement, dans des périodes qui incitent plutôt à cultiver le consensus? Mais alors, comment exister? Pour autant, le sujet initial de ce livre n'a pas changé. Il en a même, je le crois, pris plus de force. Il s'agit bien sûr de l'état de la gauche, face à ces événements et à tous les autres. Il s'agit du divorce entre une gauche politique en pleine crise existentielle et une autre, plus profonde, qui correspond à une réalité anthropologique. Peuvent-elles se retrouver? Faute de quoi, c'est l'idée même de gauche qui finira par être emportée.

Où en sommes-nous aujourd'hui? À la manière de l'héroïne d'une célèbre comédie italienne des années 1970, la gauche pourrait se demander: «Mon Dieu, comment suis-je tombée si bas?» Un sondage paru au cœur de l'été

2020 a révélé que 13 % seulement des Français se situent désormais de ce côté du paysage politique[1]. Soit dix points de moins qu'en 2017. Plusieurs sociologues aguerris ont estimé que la technique employée aurait subi des biais qui ont abouti à noircir le trait. Soit. Mais le tableau n'en est pas moins inquiétant. Cette eschatologie politique doit inquiéter tous les démocrates. La gauche disparue, c'est en grande partie la conflictualité qui disparaîtrait ou se réduirait à peau de chagrin. N'est-ce pas d'ailleurs le projet de la « start-up nation » chère à Emmanuel Macron ?

La « fin de l'histoire » fut le rêve fou d'un intellectuel du Pentagone, Francis Fukuyama, aussitôt démenti par deux guerres américaines en Irak puis leur prolongement en Syrie, et par les révolutions arabes. Mais la fin de la politique est un projet libéral qui est loin d'être insensé. On connaît l'idée : les pays se géreraient désormais comme des entreprises. La calculette et le logiciel remplaceraient le débat pour une mise en conformité avec un budget défini par des experts. Nous sommes déjà avancés dans cette direction avec la règle d'or européenne et l'indifférenciation politique qui résulte de la gestion des « derniers socialistes ». Cela correspond peu ou prou à ce qu'on a appelé le « consensus de Washington », sorte de code de conduite néolibéral imaginé en 1989 par l'économiste John Williamson, imposant notamment aux États de privatiser massivement et de déréglementer les marchés.

Les choix de société seraient ainsi réduits à leur plus simple expression. La nécessité quasi biologique de confrontation serait assouvie par des empoignades télévisées ou sur les réseaux sociaux, d'autant plus violentes qu'elles n'auraient plus guère de substance. Il suffit de

1. « Le positionnement des Français sur un axe gauche-droite », Ifop, juillet 2020.

regarder certaines chaînes d'information en continu pour voir que les prémices de cette société cauchemardesque, et vulnérable à tous les totalitarismes, sont déjà perceptibles. La réalisation de ce «meilleur des mondes» mettrait un terme à toute espérance de justice sociale et de transition écologique.

On est frappé par le grand paradoxe de l'époque. La gauche disparaîtrait au moment où elle n'a peut-être jamais été aussi indispensable. Une gauche évidemment transformée, capable de faire face au péril climatique que la pandémie de Covid-19 a rendu encore plus présent et plus immédiat. Si l'on osait s'approprier la célèbre alternative «socialisme ou barbarie» posée après-guerre par Claude Lefort et Cornelius Castoriadis, on placerait l'avenir sous le signe d'une nouvelle opposition: «écologie sociale ou barbarie». Car aucune droite gestionnaire, gardienne du *statu quo* économique, ni aucun pouvoir d'experts ne pourront nous éviter la catastrophe climatique et son lot de maladies létales. La classe des nantis et des super nantis, même cachée derrière une ploutocratie technicienne, ne renonce jamais à ses privilèges sans combattre. Nous sommes aujourd'hui, et pour longtemps encore, au temps de la lutte des classes: entendre ce concept non dans un sens étriqué et violent, mais comme un simple constat des oppositions d'intérêts qui traversent de plus en plus nos sociétés à mesure que les inégalités se creusent et que la richesse extrême se concentre sur une infime minorité de prédateurs. C'est affaire d'intérêts, mais aussi de philosophies. Le conflit véritable oppose aujourd'hui ceux qui, par souci d'altérité, pensent l'avenir et ceux qui restent enkystés dans une posture de jouissance immédiate de leurs biens et privilèges.

Gauche plurielle ou déchirée ?

Il n'est plus possible d'opposer écologie et social. En pratique, cette convergence n'est pas simple. Bien sûr, cette opposition est théoriquement surmontée par presque tous les courants actuels de la gauche. La France insoumise (LFI) a un solide projet écologique – une « planification » – et Europe Écologie-Les Verts (EELV) tient un discours social cohérent. Mais dans le monde agricole ou dans le secteur de l'énergie, tout ou presque oppose encore deux univers soumis à des temporalités différentes et qui se vivent souvent dans une incompréhension mutuelle : agriculteurs soumis à des impératifs productivistes ou travailleurs du nucléaire et écologistes ; défenseurs de l'emploi et utopistes d'un autre rapport au travail, etc.

Pourtant, les antagonismes qui naissent des dossiers spécifiquement écologiques ou environnementaux ne sont peut-être pas les plus clivants. Les vrais conflits naissent de deux conceptions opposées de l'État. Quelque chose comme l'éternelle dualité entre Jacobins et Girondins. D'un côté, le culte de l'État et de la verticalité ; de l'autre, la décentralisation, les régions et une Europe fédérale. Héritière de cultures différentes, la gauche est-elle seulement « plurielle », comme cela a toujours été, ou « déchirée » jusqu'à l'irréconciliable, et jusqu'à préférer un suicide collectif ? Le doute est permis. L'échéance de la présidentielle 2022 fournira un début de réponse à cette question. Pour se reconstruire, la gauche doit avancer vers un pacte conciliateur. Nul besoin pour cela d'abolir les différences, ni qu'un courant abjure ses convictions tandis que l'autre affirmerait son hégémonie. L'urgence politique doit commander. Et l'esprit de compromis s'imposer.

La République, question centrale

La réussite de ce pari suppose que soient affrontées, sinon résolues, ce que j'appelle ici «les questions qui fâchent». Comment aborder ces débats? Il m'est apparu qu'une question transversale à toutes les autres s'imposait. Et plus encore après les attentats tragiques d'octobre 2020: la République. La France, et singulièrement la gauche française, a dans le monde un tropisme particulier: c'est la passion de l'histoire. Une histoire souvent magnifique, mais sacralisée et omniprésente dans l'actualité. L'assassinat d'un enseignant par un terroriste islamiste puis celui de trois fidèles dans une basilique de Nice à l'automne 2020 ont produit une sidération et une légitime émotion. Des sentiments que j'ai évidemment partagés. Mais, dans les jours qui ont suivi, un républicanisme équivoque s'est mobilisé, qui apparaît comme une forme de nationalisme – un nationalisme qui viserait un «ennemi» de l'intérieur. La lutte contre le terrorisme a parfois dérivé en racisme antimusulman. Quelques mois auparavant, des polémiques mémorielles posant le problème de notre narratif historique avaient déjà mis en mouvement les mêmes forces politiques et intellectuelles, plus républicanistes que républicaines. La question de la République m'a donc semblé devoir être posée comme une «question qui fâche» qui en contient beaucoup d'autres.

Se défaire des nostalgies

Dans ses moments d'introspection, la gauche se dit souvent «en panne d'imaginaire». Si l'on regarde ce que l'on a appelé jadis notre «imaginaire», on n'est pourtant guère tenté de verser dans la nostalgie. Faut-il regretter un communisme stalinisé ou une social-démocratie championne des reniements ? On peut s'étonner rétrospectivement qu'une flamme d'espérance ait si longtemps continué de briller derrière le système soviétique. C'était pure illusion. C'est le mythe sur lequel ont vécu des générations de trotskistes. Par la magie d'une révolution politique qui nous aurait débarrassés du stalinisme, on aurait retrouvé la pureté originelle. Mais, en chutant, le mur de Berlin a tout emporté avec lui : l'horreur stalinienne et le rêve d'un communisme à visage humain. Quand on regarde lucidement ce passé, on peut se demander s'il est vraiment indispensable de réinventer un autre « imaginaire », au sens d'un « modèle » systémique et téléologique. Au XXe siècle, les vendeurs de rêves ont tous fait faillite. Et nos rêves ont tourné au cauchemar.

L'idée, d'apparence plus modeste, d'un « réformisme révolutionnaire » – pour emprunter à Jaurès – semble à la fois plus réaliste et mieux adaptée aux impératifs sociaux et écologiques d'aujourd'hui[2]. Elle est en vérité follement ambitieuse et propre à féconder nos imaginations puisqu'il s'agit ni plus ni moins de changer notre façon d'être ensemble et de créer des liens de solidarité intergénérationnelle. Ce dernier point est essentiel : un vrai projet de gauche, social et écologique, est une façon de penser l'avenir. Autant que le conflit social, celui-là est philosophique.

À l'échelle de nos vies, il s'agit aussi de se défaire de nostalgies qui continuent de nous habiter. À commencer par le mythe d'un âge d'or, celui des Trente Glorieuses. Il faut avoir vu un père déjà brisé par un accident du travail

2. Lire sur ce sujet l'excellent ouvrage de Jean-Paul Scot *Jaurès et le réformisme révolutionnaire*, Seuil, 2014.

partir à 6 h 20 chaque matin de la HLM de Pantin pour rejoindre l'usine Westinghouse de Sevran pour nuancer ce récit idyllique du passé. Ces trois décennies qui vont de 1945 à 1975 n'ont pas été glorieuses pour tout le monde. Elles ont surtout été encadrées par deux désastres : la guerre, sans laquelle ces trente années de croissance et de consumérisme n'auraient pas été possibles, et le péril écologique que la même croissance et le « progrès » (qui mérite ici des guillemets) ont provoqué. La nostalgie n'aura donc pas droit de cité dans ces pages.

L'urgence climatique, une « chance » pour la gauche

Ce livre est traversé par la question sociale. Il défend l'idée d'un projet articulé à partir d'un rapprochement entre un réformisme social et une écologie dont la logique conduit inéluctablement à l'affrontement avec le capitalisme. Pas de solutions pour la planète avec une croissance aveugle ; pas de solutions sans la réorganisation de nos sociétés sur d'autres bases, non productivistes, non consuméristes, moins hédonistes ; pas d'issue sans transformation du travail et, pour finir, sans un autre partage des richesses. Le social est la condition de l'écologie. Au sens propre, la tâche est révolutionnaire. C'est une révolution pacifique, sociale, donc, autant qu'écologiste, et qui, peut-être, a les apparences simples d'un réformisme intransigeant. Voilà un « imaginaire » à portée d'une imagination d'aujourd'hui.

Cette espérance n'est pas un « idéal » au sens matérialiste du terme, parce qu'elle n'est pas une « idée ». Elle a sa matérialité, qui s'appelle simplement la survie de notre espèce. Elle n'est pas un rêve, parce qu'elle est impérieuse. C'est en cela que l'on peut parler, avec le péril climatique, d'une

« chance » pour la gauche. Parce qu'il n'y a pas d'autre solution, hormis la barbarie. Une barbarie climatique et planétaire qui, en accroissant la misère, en entraînera d'autres, identitaires et religieuses. La question est de savoir si les femmes et les hommes qui se réclament de la gauche seront à la hauteur de ce rendez-vous plus qu'historique.

La pandémie de Covid-19 permet de reformuler des questions connues mais jusqu'alors abstraites. Elle a donné la mesure de l'urgence. Elle a rapproché de nos vies quotidiennes de pays riches les effets qui paraissaient lointains de la fonte du permafrost et de la déforestation. Elle met en évidence les dysfonctionnements de notre modèle de développement. Le constat est aisé, mais les remèdes font débat. La gauche est, par tradition, porteuse de plusieurs réponses, plus ou moins centralisées, plus ou moins autoritaires. On aperçoit aujourd'hui ce clivage entre Europe Écologie-Les Verts (EELV) et La France insoumise (LFI). Ce sont là les deux pôles majeurs de la reconstruction. D'autres satellites viendront se lier à eux. C'est probablement le destin de ce qui reste des deux principales forces historiques de la gauche : le Parti socialiste et le Parti communiste. L'urgence écologiste est paradoxalement une raison d'espérer, parce qu'elle nous oblige. L'histoire le montre : nous ne savons guère, nous autres humains, réagir tant qu'une urgence vitale n'est pas là. C'est l'histoire des révolutions.

Gauche de l'offre et gauche des valeurs

Pour la gauche, il existe une autre raison d'espérer. Revenons un instant à notre sondage et à ces 13 % si déprimants. Lorsque l'on demande à nos concitoyens s'ils se situent à gauche, de quoi leur parle-t-on ? On se réfère à une gauche politique effectivement divisée, et dont les leaders les plus en vue hésitent eux-mêmes à se situer dans une famille politique qu'ils jugent discréditée. Les 13 %, c'est cette gauche « de l'offre ». Il existe heureusement une autre gauche, de sensibilités et d'engagements citoyens, qui éprouve toujours un fort sentiment d'appartenance. Cette gauche « de la demande », celle des comportements cohérents et des valeurs, n'a pas disparu, loin de là. Elle est extraordinairement vivante à travers le mouvement associatif. On peut même avancer l'idée que l'abstention ou l'apparent désintérêt pour les joutes électorales est une manifestation de résistance devant la dérive de ses formations traditionnelles. Mais c'est peu dire que cette gauche des valeurs est orpheline. Elle est en jachère, condamnée à faire face, tous les cinq ans, à d'insolubles dilemmes électoraux, à la recherche du moindre mal entre droite et droite extrême, ou à s'abstenir, et à prendre périodiquement la rue pour dire son opposition aux politiques libérales.

Il n'est pas besoin d'être grand clerc pour prédire que cette situation ne peut s'éterniser sans que l'isolement et l'individuation des convictions ne finissent par attaquer le cœur même de cette gauche des valeurs. Un concept politique ne peut vivre sans politique. Les femmes et les hommes qui se définissent par des valeurs et des engagements collectifs ne peuvent s'accommoder longtemps d'une société dans laquelle les gouvernements leur seraient étrangers, voire hostiles. Les mouvements associatifs ou les syndicats sont d'abord des espaces de résistance. Leurs combats sont parfois couronnés de succès, comme ce fut le cas pour empêcher la construction d'un aéroport à Notre-Dame-des-Landes. Mais l'éternelle opposition est harassante. Elle relève plus souvent du mythe de Sisyphe.

La gauche n'a donc pas d'autre choix que de se réinventer politiquement si elle ne veut pas se condamner à la marginalisation. Il lui faut d'urgence se redonner les moyens de briguer le pouvoir, non pour, comme dans un passé récent, être immédiatement infidèle à elle-même, mais pour organiser une alternative durable. Heureusement, le fossé entre les formations politiques traditionnelles et la gauche des valeurs n'est pas sans passerelles. Les militants de LFI et d'EELV s'opposent souvent, mais ils se retrouvent dans de nombreux engagements associatifs. Ceux-là ont parfois su exercer des pressions sur les appareils parisiens quand il a fallu constituer des listes d'union pour les municipales de mars 2020.

Au sommet, cependant, il faudra que la gauche parvienne à déjouer le piège des institutions qui exacerbent les rivalités et incitent à la démagogie, ce fléau qui mine la démocratie. Plaire est devenu une exigence commerciale, et la politique élective s'apparente trop souvent au commerce, dont elle a hérité des méthodes. La démagogie n'est pas seulement l'apanage des présidents à réélire, elle atteint parfois les marges inattendues de la gauche qui se veut la plus désintéressée. Nous le verrons ici, en n'épargnant pas le comportement d'une certaine gauche dans la crise du Covid-19. Une gauche qui a préféré l'opposition systématique à une opposition systémique, critiquant les moindres décisions du gouvernement sans savoir toujours pourquoi, aux seules fins d'ébranler un pouvoir qu'elle convoite maladroitement. Et, du coup, affaiblissant une vraie critique systémique sur la faillite de la politique de santé publique.

Les causes du désastre et les pistes pour en sortir

Avant toute chose, il nous faudra déjà dire ce que nous entendons par «gauche», chasser les usurpateurs et défendre la pertinence d'une notion qui a encore du sens pour des millions de femmes et d'hommes. Puis je reviendrai sur les causes historiques ou plus récentes du désastre. Ceux qui, sociaux-démocrates dans le reniement, ont porté consciemment le glaive seront nommés. Nous verrons qu'aucune fatalité ne les poussait au crime. Nous verrons comment ils ont instrumentalisé l'Europe. Puis comment ils ont opposé le sociétal au social, pour abandonner finalement les deux.

Une place importante, et critique, sera consacrée aux turpitudes de l'abstraction républicaine. L'universalisme, l'indivisibilité de la République, la laïcité, la liberté d'expression, la notion de progrès seront interrogés. Nous verrons les mauvais procès instruits médiatiquement contre les mouvements antiracistes. Mais nous ferons un bref détour par les États-Unis, où un certain antiracisme mérite débat. Nous interrogerons ensuite la pertinence de l'idée de révolution dans la France du XXIe siècle, et une démocratie qui ne va pas de soi. On se demandera si les révolutions, si importantes dans notre mythologie, ont encore force de référence. La question de l'Europe viendra aussi, comme reformulation de l'État-nation et du rapport aux territoires. Et celle du travail, entre bataille pour l'emploi et «utopies réalistes». Entre la CGT et André Gorz – c'est-à-dire deux légitimités.

Enfin, on explorera les pistes réalistes, immédiates, qui s'offrent à la gauche: l'hypothèse Mélenchon, les ombres et lumières du personnage, sa créativité, ses intuitions, comme son inquiétant imaginaire géopolitique, de la Syrie au Venezuela. Ce qui nous amènera à nous interroger sur le rapport de la gauche à la vérité et à la morale. On se demandera enfin ce que peut bien signifier «populisme» dans le discours politique d'une nouvelle gauche.

Je veux dire que ce livre est aussi un combat contre ce qu'on appelle les idéologies. Les mauvaises idéologies. Celles qui nous empêchent de voir la réalité comme elle est et nous condamnent à nous mentir à nous-mêmes. La gauche n'a pas besoin d'un nouveau stalinisme. Je ne crois pas qu'il faille mentir pour convaincre. Je ne crois pas aux oppositions systématiques ni aux soutiens inconditionnels. Je ne crois pas aux raisons d'État ou d'appareils. Notre société est suffisamment mûre pour préférer la complexité des analyses aux jugements péremptoires et désespérément prévisibles. C'est à ce prix de vérité que la gauche pourra se reconstruire.

Chapitre 1
À LA RECHERCHE D'UNE DÉFINITION

Pour beaucoup d'entre nous, Français «baby-boomers» et «post-baby-boom», la gauche, c'est d'abord deux grands partis traditionnels qui dessinent notre paysage politique depuis un siècle et une extrême gauche souvent mal nommée parce que trop diverse pour être saisie par un seul adjectif. Les deux premiers, qui bornent notre imaginaire, sont issus en ligne directe du grand schisme du congrès de Tours de la Section française de l'Internationale ouvrière (SFIO) en décembre 1920. La révolution russe a alors trois ans, et la question se pose du ralliement de la SFIO à l'Internationale communiste (IC, ou Troisième Internationale), fondée en 1919. Une large majorité – les trois quarts des délégués – se prononce pour l'adhésion à l'IC, ce qui suppose l'acceptation des vingt et une conditions fixées par Lénine, dont l'article 17, qui assujettit la section française aux directives de Moscou. Le refus de la minorité s'exprime on ne peut plus clairement dans la bouche de Jean Longuet: «Le socialisme de Jaurès ne peut aller à Moscou la corde au cou et la tête couverte de cendres.» Mais Longuet sera minoritaire, et «l'œil de Moscou» veillera pour longtemps sur les destinées du communisme français. Les majoritaires créeront le Parti communiste, les minoritaires garderont «la vieille maison», selon la formule de leur chef de file, Léon Blum.

L'antagonisme PC-SFIO, puis PC-PS, structurera pendant soixante-dix ans la vie politique française. La même fracture, mais dans des rapports de force parfois très différents, adviendra dans de nombreux pays européens.

Mais nous voilà à un moment de l'histoire où cette grille de lecture n'est plus valide. L'agonie de la social-démocratie s'est accélérée au cours des dernières années, au point que l'on peut considérer que les principaux dirigeants de ce mouvement ont cessé d'appartenir à la gauche. Après Manuel Valls, Emmanuel Macron apparaît comme un personnage pivot : celui qui passe d'une gauche ultra-droitière à une droite franche, sinon assumée. Si sa présidence a eu au moins une vertu, c'est de délégitimer le discours récurrent du « ni droite ni gauche » ou du « et droite et gauche », qui est d'ailleurs un classique de notre histoire politique, de Louis-Napoléon Bonaparte à Charles de Gaulle en passant par Georges Boulanger. Définitivement, le « ni droite ni gauche » est de droite... Quant au Parti communiste, malgré des efforts louables de transformation, il ne semble pas pouvoir résister à la disparition de l'Union soviétique et aux bouleversements sociologiques que notre pays a connus dans les années 1980.

Gardons-nous cependant de tirer de l'actualité des conclusions trop hâtives. La tendance à voir de l'historique et du définitif sans laisser parler le temps est parfois trompeuse. Les idées constitutives du Parti communiste sont toujours vivantes. Et la social-démocratie, ce n'est pas François Hollande, et moins encore Manuel Valls. C'est une stratégie de compromis avec le capitalisme, pas nécessairement une capitulation ; et c'est peut-être surtout un profil psychologique. Il y aura toujours des « possibilistes », comme les avait nommés, à la fin du XIXe siècle, le chef de file de ce courant, Paul Brousse. Des socialistes qui ne demandent ni la lune ni le grand soir. Des «réformistes», partisans du progrès social, anticapitalistes par le verbe mais prêts à concevoir, si nécessaire, leur combat dans la société capitaliste. Et les «possibilistes» jugent le plus souvent que ce compromis est inévitable. Encore faut-il qu'il soit accepté par le capital. Ce fut le cas pendant les Trente Glorieuses, quand le capital consentait à une part de redistribution qui alimentait idéologiquement la social-démocratie. Mais que se passe-t-il lorsque le capitalisme n'admet plus aucun progrès social et croit pouvoir écraser toute résistance pour imposer un modèle unique? Quand la roue de l'histoire soudain tourne à l'envers?

Nous sommes précisément à ce moment où règne ce que Jean-Claude Michéa appelle un «capitalisme absolu», avide de reprendre tout ce que le mouvement social a conquis. Sa rapacité ne laisse guère de place au compromis. Le réformisme qui se réfère en permanence à un pacte tacite avec le capitalisme perd alors toute marge de manœuvre, et pour ainsi dire sa raison d'être. Et la gauche peine à être encore la gauche. À moins qu'elle emprunte le chemin esquissé jadis par Jaurès, et qu'il avait nommé «réformisme révolutionnaire». J'aime cet oxymore. Point de révolution violente dans cette stratégie, mais des réformes qui se révèlent rapidement incompatibles avec le capitalisme. Il est clair que l'écologie sociale est porteuse de ce réformisme-là. Cette voie possible est celle de l'espoir. Mais il existe une autre raison d'espérer, immédiate, et puissamment présente dans notre actualité de tous les jours. La gauche vit tant que les valeurs philosophiques et humaines qui la fondent n'ont pas été complètement ruinées par l'individualisme et une compétition qui tend vers la barbarie. Nous sommes là devant une réalité anthropologique avant d'être politique.

Si la gauche se mesure à la seule catégorie institutionnelle qui additionne les influences d'Olivier Faure (PS) et de Fabien Roussel (PC), nos 13 % sont même un grand maximum. Mais nous savons que la gauche occupe aussi de multiples espaces de rencontres et de débats, au travers d'innombrables associations d'initiatives citoyennes, le plus souvent enracinées dans un territoire. Même si le mot écorche les lèvres de nombre de ces militants, qui craignent de se confondre avec Manuel Valls et ses semblables. La chose est bien là, sinon le mot.

Un sentiment d'appartenance

Ces valeurs qui subsistent et créent un sentiment intime d'appartenance, comment les définir ? « Il est très utile de se poser des questions, mais très dangereux d'y répondre », disait l'historien Charles Seignobos. Et ce qui paraît le plus évident n'est pas forcément le plus facile à définir. C'est sans doute pourquoi les meilleurs experts ont volontiers recours à la tautologie. Dans leur *Histoire des socialistes*, Jean Maret et Alain Houlou ne craignent pas cette définition : « Sont de gauche ceux qui se reconnaissent comme tels[3]. » Quand la réponse paraît plus intuitive que rationnelle, on peine à la formuler. Montaigne disait qu'en France « on est chrétien comme on est périgourdin ». Ce qui faisait l'économie d'une définition du christianisme. Peut-être est-on de gauche (ou de droite) comme on est breton, alsacien ou francilien. Par atavisme culturel. Plus sérieusement,

3. Alain Houlou et Jean Maret, *Histoire des socialistes. L'identité socialiste des utopistes à nos jours*, Pro-Edi, 1990.

on est de gauche parce qu'on se reconnaît en certaines valeurs. Maret et Houlou citent un sondage (Sofres) de 1986, en plein « mitterrandisme », hiérarchisant les attributs de gauche : la justice sociale (41 %), l'égalité (36 %), les droits de l'homme (32 %). Tandis que la droite est identifiée à la croissance économique et à la construction européenne. Nous sommes alors à la fin de la première législature socialiste sous la présidence de François Mitterrand, et à la veille de la première cohabitation. À l'époque, les valeurs de la gauche paraissent immuables. Elles sont partagées par les militants, les sympathisants et, officiellement encore, les dirigeants. Sans doute un même sondage aurait-il apporté les mêmes réponses en 1950.

Les choses vont se gâter à partir de 1988. La gauche socialiste va peu à peu s'enorgueillir de reprendre à son compte des valeurs identifiées à la droite. Démontrer que l'on est apte à gouverner devient alors un objectif quasi obsessionnel. L'historien Michel Winock justifie cette évolution par les « contraintes du pouvoir ». À quoi sert-il de gouverner si on n'accepte pas les compromis qu'impose une bonne gestion du capitalisme ? se demande-t-il[4]. Mais sont-ce seulement des compromis ? Et à quoi sert la gauche si c'est pour gouverner comme la droite ? Mais c'est ainsi ! Tant que le pouvoir était lointain, les idées et les idéaux au service de la justice sociale inspiraient l'action de la gauche. Mais, à mesure que le pouvoir se rapproche, et *a fortiori* quand il s'agit de le conserver, les convoitises s'aiguisent. Vérité éternelle. À cet égard, la longue période inaugurée par François Mitterrand va mettre rudement à l'épreuve morale deux générations de dirigeants, issus pour la plupart

4. Michel Winock, *La Gauche au pouvoir. L'héritage du Front populaire*, Bayard, 2006.

de l'Union nationale des étudiants de France (Unef), rapidement embauchés dans une nébuleuse socialiste puissante et souvent rémunératrice. Ceux-là ont fait de la politique sans jamais connaître le monde du travail. La tentation était forte pour ces militants habitués aux rudes collages d'affiches matinaux, à la pétition dominicale sur les marchés et aux défilés à répétition sur les Grands Boulevards de jouir de leur nouveau statut quand ils se sont retrouvés élus d'une République aguicheuse, conseillers dans les ministères, voire sous-secrétaires d'État à quelque chose. La trahison n'est pas toujours ce que l'on croit. Elle est le plus souvent douce et semi-consciente, et possède de remarquables justifications, aimables à la conscience. N'est-on pas plus efficace dans un ministère que dans la rue ? Et n'a-t-on pas mérité cette promotion ? Et l'exercice du pouvoir n'a-t-il pas des contraintes que l'on ne pouvait imaginer et qui nous imposent d'en rabattre ? Mais quelles que soient les justifications individuelles, le résultat est là. Les valeurs de justice sociale et d'égalité deviennent orphelines. Elles s'érodent insidieusement quand elles sont confrontées à la nécessité de préserver une position. Là est la tragédie, lorsque la gauche des idées, et des idéaux, et celle de la politique institutionnelle – les partis de gauche – divorcent.

Retour aux origines

Les femmes et les hommes bougent, les consciences évoluent, mais il doit bien exister quelque repère fixe à quoi se raccrocher. Allons aux sources. Le Grand Larousse de 1870, cité par Jean Touchard, rappelle que, « dans nos assemblées délibérantes, on désigne sous le nom de "gauche" la partie de l'Assemblée située à la gauche du président et où siègent les députés de l'opposition. Par ce mot, "la gauche", on entend l'ensemble des membres que la conformité de leurs opinions réunit à cet endroit[5] ». Le prestigieux dictionnaire ne nous épargne pas non plus une part de tautologie. Et notons aussi que ses auteurs n'imaginaient pas un instant que la gauche vînt un jour au pouvoir, vouée éternellement à l'opposition. En quête de définition, nous ne sommes donc pas beaucoup plus avancés.

Entre histoire et anecdote, les circonstances de l'avènement de la gauche seront sans doute plus éclairantes. Deux idées d'une force irrésistible ont présidé à la naissance de la gauche : la liberté et l'égalité. Des idées qui irriguent aujourd'hui encore notre vie politique et sociale, tantôt transformées en dogmes et tantôt contestées : l'égalité en droit fut le premier coup fatal porté à la royauté.

Le 8 mai 1789, trois jours après l'ouverture des États généraux, les députés favorables à la réunion des ordres ont été invités à se ranger d'un même côté, celui de Mirabeau, tandis que ceux qui étaient hostiles à ce mélange social se regroupaient à l'opposé. L'anecdote n'aurait pas de sens si le partage n'avait pas eu une suite. Or la gauche a reçu un second sacrement le 28 août 1789, celui que l'histoire a retenu, lorsque les partisans du veto royal ont été appelés à se placer à droite, tandis que ses adversaires (favorables en vérité à un veto suspensif) se positionnaient à gauche. Quelque chose de pérenne était en train de naître. Ceux qui seraient du côté du peuple – et du primat du droit humain sur le droit divin – se placeraient à gauche des assemblées. L'acte de naissance de la gauche est donc bien révolutionnaire. Et, comme tout être vivant, avant de paraître, elle a été fécondée. Une gestation qui a duré vingt-sept ans... Car

5. Jean Touchard, *La Gauche en France depuis 1900*, Seuil, 1977.

c'est bien vingt-sept ans avant la Révolution qu'est paru le *Contrat social* de Jean-Jacques Rousseau. Le philosophe pense l'état civil et le droit. Il fait l'éloge de la raison et démontre la supériorité de « la liberté civile, qui est limitée par la volonté générale », quand la liberté naturelle n'avait pour borne que « les forces de l'individu ». Il civilise littéralement la société. Et, surtout, il définit la souveraineté populaire, car « le peuple soumis aux lois en doit être l'auteur ». Mais Rousseau semble apercevoir les défauts de sa propre construction politique. Sa « souveraineté populaire » n'est pas « populisme ». Contrairement à nos démagogues d'aujourd'hui, il ne dit pas que « le peuple a toujours raison ». Le « peuple » de Rousseau veut le bien, mais ne l'incarne pas toujours. « Il lui faut faire voir les objets tels qu'ils sont, quelquefois tels qu'ils doivent lui paraître. » Bref, il lui faut des « guides ». Ce sera un « législateur » non élu, que le politologue Samuel Hayat compare à ce que seraient de nos jours un expert ou un haut fonctionnaire[6]. Voilà un intrus qui fait irruption dans la maison de la démocratie et auquel Rousseau demande beaucoup : de la compétence et de la justice. Trop, peut-être.

Mais revenons à nos États généraux pour donner un peu de caractère et de substance à notre gauche naissante, qui n'est pas enfant du hasard. Car il n'est pas difficile de discerner un trait commun à ces deux situations : celle de mai et celle d'août. Là, les prémices de l'abolition des ordres, qui va permettre au tiers état d'obtenir le ralliement du bas clergé ; ici, la remise en cause de la monarchie. Là, l'égalité, et ici la liberté. Dans les deux cas, le refus du droit divin et de la détermination sociale par la naissance. D'où le fameux article 1 de la Déclaration

6. Samuel Hayat, *Démocratie*, Anamosa, 2020.

des droits de l'homme et du citoyen de 1789, mystérieusement cité par Emmanuel Macron le 13 avril 2020 lors de son discours sur le prolongement du premier confinement : « Les distinctions sociales ne peuvent être fondées que sur l'utilité commune. » L'homme prend le pouvoir et il revendique de se construire lui-même. Le droit divin est la première victime de la Révolution. La gauche est, avant toute chose, liberté philosophique. Mais rien n'est simple déjà, car Mirabeau, qui était à gauche le 8 mai, est à droite le 28 août. Il s'effraie d'un pouvoir populaire et de la démocratie. « La royauté, s'exclame-t-il, est la seule ancre de salut qui puisse nous préserver du naufrage ! » Quelques jours auparavant, Robespierre avait déjà paré l'argument : « Celui qui dit qu'un homme a le droit de s'opposer à la loi dit que la volonté d'un seul est au-dessus de la volonté de tous. Il dit que la nation n'est rien et qu'un seul homme est tout. » Mirabeau veut bien, à la rigueur, l'abolition du droit divin, mais il exècre la démocratie. Or l'une conduit inexorablement à l'autre. Aurions-nous déjà là l'embryon de la ligne de partage qui traversera toute l'histoire, entre un libéralisme bourgeois qui vénère le droit, mais a vite peur du peuple, et les partisans de la souveraineté populaire, parfois indifférents au droit ?

Les « amis du peuple » se rangeront donc désormais à gauche. Pour la première fois, un corpus idéologique allait devenir géolocalisable… Quant au peuple, il est à cet instant encore un concept simple, suffisamment vaste et ambigu pour être accueillant à tous ceux que l'ordre ancien révolte. Il restera cette masse plébéienne jusqu'à ce qu'intervienne, au mitan du XIXe siècle, un nouvel acteur, un « concurrent idéologique » né de la révolution industrielle : le prolétariat.

Le concept indispensable de lutte de classes

Dans une belle dissertation sur le concept, l'ancien communiste Dionys Mascolo, disparu en 1997, résume ainsi la gauche des valeurs : « Tout acte de gauche a ce sens : il est le refus d'une limite établie. Toute réflexion de gauche a ce sens : elle est la négation d'une limite théorique. Toute sensibilité de gauche a ce sens : le dégoût des limites, théoriques ou pratiques. Toute exigence de gauche est l'exigence, même insensée, de dépasser une limite reconnue comme limite[7]. » Mascolo nous ramène aux origines, celles du mouvement, de l'imagination et de l'utopie. C'est évidemment, et à tout le moins, le rejet du fameux *« There is no alternative »* de Margaret Thatcher. Ce qui donne, positivement, « un autre monde est possible », slogan estampillé de l'altermondialisme.

Les ennuis commencent lorsqu'il s'agit de définir cet autre monde... Est-ce celui de Marx ou celui du socialiste libertaire Proudhon – l'homme qui voulait envoyer Dieu en enfer ? Est-ce le socialisme républicain d'un Pierre Leroux, qui a plus d'héritiers que d'autres grands ancêtres mieux installés dans notre mémoire, et quelques autres ? Est-ce celui de Jadot ou celui de Mélenchon ? Celui d'une écologie de gauche (je le dis ainsi pour l'instant, conscient de commettre un pléonasme) ou celui d'un jacobinisme social plus conforme à la tradition politique française ? Finalement, personne n'a mieux défini la gauche que Marx... qui n'en parle jamais. Dans un article de jeunesse publié en 1844 dans *Les Annales franco-allemandes*, il se prononce « pour une critique impitoyable de tout ce qui existe ». Comme souvent chez Marx, il y a la part de l'humour. Il feint d'ailleurs

7. Dionys Mascolo, *Sur le sens et l'usage du mot « gauche »*, Lignes, 2011.

aussitôt de se méfier de cet accès de nihilisme. Judith Butler, qui commente ce texte, note que Marx se garde autant des anarchistes qui « désorientent le monde » que « des dogmatiques qui proclament ce que l'avenir doit être[8] ».

Si la gauche, c'est le refus de se résigner à ce qui est, elle n'a pas, hélas, le monopole de cette définition. Le fascisme pourrait la revendiquer pareillement. Et la droite elle-même se veut « réformatrice » quand elle s'attaque aux acquis sociaux, avec l'alibi spécieux de la « modernisation ». L'opposition originelle, quand le conservatisme était de droite et le mouvement de gauche, n'est plus pertinente en période de reflux social. Longtemps, il est vrai, la droite a eu le conservatisme chevillé au corps et « arrimé à Dieu », pour reprendre la formule de l'historien Maurice Agulhon. « Dieu », on ne peut pas faire plus immuable ! La droite a pu ensuite se fonder sur la sociologie positiviste ou, plus modestement, se justifier par la prudence, voire « la sagesse ». Tandis que la gauche avait vocation à être audacieuse et novatrice. Mais la vraie opposition, quel que soit son habillage moral ou philosophique, c'est la protection d'intérêts. Le riche est assez naturellement conservateur. Il n'a pas que l'ordre moral à conserver, il a surtout ses propriétés. On voit poindre ici le concept indispensable de « lutte de classes ». Celui-ci reste notre référence parce qu'il explique en grande partie une conflictualité sociale toujours omniprésente dans notre société. Mais il est aussi des périodes de l'histoire où ce sont les classes populaires qui sont conservatrices. C'est le cas quand leurs acquis sont remis en cause et qu'elles sont contraintes à une attitude défensive. Il s'agit alors ni plus moins de « se conserver ». Marx n'écrit-il pas que que la révolution elle-même est un « processus conservateur » ?

8. Judith Butler, *Deux lectures du jeune Marx*, Éditions sociales, 2019.

Les idées ne sont pas premières ; elles viennent dans le mouvement. Nous en sommes là aujourd'hui. Et c'est la droite qui se présente comme « réformatrice » parce qu'elle s'attaque aux acquis sociaux, au prétexte de fluidifier la société et de flexibiliser les rapports au travail. Notons d'ailleurs la forte nuance sémantique : quand elle arrache des réformes progressistes, la gauche est « réformiste » ; quand elle les détruit, la droite se dit « réformatrice ». Finalement, dans notre quête de définition, ce qui résiste à ces renversements sémantiques et témoigne d'invariants à peu près incontestables, c'est encore la passion des valeurs collectives et de l'intérêt général. C'est le thème des communs, qui englobe et dépasse la seule défense des services publics[9].

Hier, les sociétés secrètes sous la monarchie vacillante, les insurgés de février 1848, les communards, les partisans de la République sociale ; aujourd'hui, les radicaux, les socialistes, les communistes, les syndicalistes, les féministes, les anarchistes, les écologistes... La définition varie avec l'adversité. Longtemps, la gauche s'est définie par son opposition à la monarchie, puis à l'Église. La République et la gauche se confondaient. La République est devenue ensuite l'unique théâtre de la conflictualité. Gauche et droite se sont repositionnées en son périmètre. La République sociale contre la République radicale, Jaurès contre Clemenceau. Le mariage de raison entre la bourgeoisie libérale et le prolétariat a plus souvent été tumultueux qu'harmonieux. Il nous a donné le suffrage universel et le socle d'une démocratie bourgeoise. Assez pour les uns, trop peu pour les autres.

---

9. Voir Pierre Dardot et Christian Laval, *Communs. Essai sur la révolution au XXIe siècle*, La Découverte, 2014.

Jean Touchard propose une classification qui couvre l'histoire du XXe siècle : avant 1914, radicalisme, socialisme, syndicalisme révolutionnaire ; à partir de 1930, radicalisme, socialisme, communisme ; après-guerre, l'historien ajoute une « gauche indépendante », riche en clubs et en revues. Aujourd'hui, on peut dire que le refus du libéralisme économique est à peu près le point de ralliement de toutes les gauches. Mais il y a maintes façons d'être antilibéral. Pour les uns, ce peut être le retour à un État fort et protecteur ; pour les autres, c'est au contraire la décentralisation de la politique au niveau des territoires et de la vie quotidienne des gens. On n'en finit pas…

Deux gauches, deux sociologies

La gauche est née, on l'a vu, sous la Révolution, mais sa double nature – pour ne pas dire son ambivalence, qui sera à la fois sa force et sa faiblesse – est apparue sous Louis-Philippe avec l'alliance improbable de la classe ouvrière (le prolétariat) et de la bourgeoisie libérale. Deux entités qui peuvent avoir des intérêts communs quand il s'agit de combattre la monarchie et d'aller au suffrage universel, mais qui peuvent aussi diverger gravement quand la conflictualité sociale s'aiguise. Chacun alors retourne à son origine, provoquant l'implosion de cette gauche hybride. Retenons la bonne formule de Jacques Julliard : au sein de la gauche, « c'est la politique qui unit, et c'est le social qui divise[10] ». La bourgeoisie libérale peut trouver un intérêt politique à s'unir au prolétariat, comme en février 1848, mais elle ne tolère pas que le prolétariat conteste ses avantages sociaux,

10. Jacques Julliard, *Les Gauches françaises. 1762-2012. Histoire, politique et imaginaire*, Flammarion, 2012.

comme elle l'a montré en juin de la même année – cette année 1848 qui a concentré et prophétisé en quelques mois toute l'histoire de la gauche, unie puis déchirée, révolutionnaire puis contre-révolutionnaire.

Si l'on veut chercher des hommes symboles, qui mieux que le radical Clemenceau illustre sous la IIIe République cet antagonisme ? Dreyfusard irréprochable, artisan résolu de la séparation de l'Église et de l'État, anticolonialiste, il peut aussi faire tirer sur les vignerons du Languedoc qui demandent des aides de l'État ou sur les ouvriers grévistes de Draveil et de Vigneux. Libéral quand il s'agit des mœurs, favorable à l'abolition de la peine de mort, il peut devenir un impitoyable briseur de grève. Les deux gauches ne vivent pas en lui. Le « libéral » sait où est son camp lorsqu'une gauche, la sienne, bourgeoise, entre en conflit avec l'autre, populaire et prolétarienne. Pas étonnant que, plus d'un siècle plus tard, Manuel Valls se soit réclamé de son héritage – j'oserais dire l'esprit en moins. Clemenceau était un positiviste authentique. Valls correspond tout à fait à ce que Marc Bloch appelle « un positiviste rudimentaire ».

L'antagonisme entre les deux gauches a souvent été très violent. Le massacreur de la Commune, Adolphe Thiers, était considéré sous le Second Empire comme le digne représentant de la gauche libérale. Mais la gauche se résumait pour lui au suffrage universel. La seule évocation de son nom fait aujourd'hui horreur à quiconque se réclame de la gauche. Sur un mode heureusement moins sanglant, l'antagonisme fut moralement dévastateur pendant l'affaire Dreyfus, et cette fois à front renversé lorsque Jules Guesde et Jean Jaurès, représentants d'une gauche populaire, signaient un manifeste enjoignant aux « prolétaires » de ne s'enrôler « dans aucun clan de cette guerre civile bourgeoise». Le sort du capitaine Dreyfus n'était pas, selon eux, l'affaire du prolétariat. Et l'antisémitisme pas davantage. À force de vouloir être sociale, cette gauche en perdait sa morale. Ici, c'est la bourgeoisie libérale qui a irrigué de ses principes justes le prolétariat et sauvé ses représentants d'un naufrage historique. C'est elle qui a convaincu Jaurès de revenir par la suite sur une position qui lui ressemblait si peu.

Chapitre 2
UN RISQUE RÉEL DE DISPARITION

En mars 2009, *La Documentation française* publiait un dossier posant cette question inquiétante : « Les notions de gauche et de droite ont-elles encore un sens ? » On ne compte plus, depuis, les publications ou articles qui ont proposé des variations autour de cette thématique. Inquiétante interrogation parce que chacun peut comprendre que, des deux termes du clivage, c'est évidemment, dans un monde sous hégémonie culturelle de la droite, la gauche qui disparaît. L'apolitisme, c'est bien connu, est de droite. Dix-neuf ans plus tôt, dans un article du *Débat* de 1990, le philosophe Marcel Gauchet constatait déjà la montée d'un « individualisme de déliaison et de désengagement, où l'exigence d'authenticité devient antagoniste de l'inscription dans un collectif ». Il notait que ce mouvement de « déliaison » des citoyens d'avec leurs groupes d'appartenance se manifestait à trois niveaux : idéologique, social et territorial[11].

La coïncidence des dates n'est évidemment pas fortuite. Nous sommes alors six mois après la chute du mur de Berlin. On ne dira jamais assez combien fut déterminante la disparition de la bipolarité entretenue durant

11. Marcel Gauchet, « Pacification démocratique, désertion civique », *Le Débat*, n° 60, mai-août 1990.

soixante-dix ans par l'Union soviétique. C'est ce même événement qui avait pu faire croire à un intellectuel du Pentagone, Francis Fukuyama, à la « fin de l'histoire[12] ». La suite a montré la profondeur de son erreur, qui trahissait surtout le désir de l'administration états-unienne d'étendre par l'économie un empire qu'elle n'avait pu imposer par les armes. Avant tout de même, et à la fin, de reprendre les armes... Ce qu'écrivait Gauchet, en revanche, paraissait incontestable. Il ne s'agissait pas seulement du début de la déshérence politique de classes populaires en quête de représentation, c'est la bipolarité en tant que telle qui explosait. L'historien Pierre Rosanvallon notait quant à lui que la société était devenue « peu lisible sociologiquement », les classes s'étant complexifiées, sans d'ailleurs disparaître[13]. La critique que l'on peut adresser à ces diagnostics définitifs, c'est de confondre la cause et les effets. La désaffiliation n'était pas une fatalité. Elle était la conséquence de politiques des grands partis encore identifiés à la gauche au début du XXIe siècle.

Crise de représentation

Mais il est vrai aussi que des clivages nouveaux ont commencé à traverser en long et en large les anciennes familles politiques. La tendance n'a fait que s'accentuer au sein même de la gauche. La question de l'accueil des migrants et celle de la sécurité, hélas trop souvent insidieusement liées, ont par exemple fracturé la gauche entre un pôle autoritaire et un autre humaniste et humanitaire. La

12. Francis Fukuyama, *La Fin de l'histoire et le dernier homme*, Flammarion, 1992.
13. Pierre Rosanvallon, *Le Peuple introuvable*, Gallimard, 1998.

laïcité et l'éternel brûlot européen cisaillaient aussi une gauche en courants parfois violemment opposés.

Toutefois, dans ce même dossier de *La Documentation française* de 2009, une enquête du Cevipof faisait déjà éclater la contradiction entre gauche des valeurs et gauche politique, au sens électoral du mot. Il s'agissait d'une étude comparative sur dix ans, entre 1997 et 2007. La première question, « Faites-vous confiance à la gauche pour gouverner? », révélait un véritable effondrement : 26 % répondaient par l'affirmative en 1997 ; ils n'étaient plus que 17 % dix ans plus tard. Nous étions alors dans le contexte de la campagne présidentielle opposant Ségolène Royal à Nicolas Sarkozy. Et nous n'étions pas très loin, déjà, des 13 % de 2020. La deuxième question est au cœur de notre problématique. Elle mesurait le « sentiment d'appartenance », gauche et droite confondues. Et ce sentiment restait à peu près stable sur la même décennie : 70 % en 2007 contre 72 % en 1997. On peut en tirer la conclusion que la gauche existait toujours « dans les cœurs », mais qu'elle connaissait déjà une véritable crise de représentation politique. Voilà qui donnait à espérer.

Régis Debray dit quelque part que « l'espoir est une drogue en vente libre ». C'est aussi une drogue qui fait vivre et qui produit plus d'énergie que d'hallucinations. Mais il faut la consommer en toute conscience, et en se gardant de céder à l'ivresse. Car la gauche des valeurs, qui forme les philosophies personnelles et dicte les comportements, ne peut pas être éternellement décorrélée de la gauche politique et institutionnelle. C'est le grand reproche que l'on peut adresser au sociologue de la marginalité Geoffroy de Lagasnerie, qui expose sa thèse dans un petit livre paru sous un titre aussi prometteur que déceptif : *Sortir de notre impuissance politique*[14]. Il part du constat d'une sorte d'obsolescence des formes traditionnelles de lutte, « routinisées » avec le temps. Pour parler clairement : les manifestations syndicales et l'obsession de « la convergence des luttes ». Il plaide pour des luttes qui ont un caractère « singulier, local et inventif », citant en exemple le mouvement LGBT, qui, en quarante ans, « est parvenu à imposer ses revendications et ses préoccupations aux fractions conservatrices du monde social ». Je saluerais volontiers avec le sociologue les avancées du mouvement LGBT, mais un peu de dialectique aide à comprendre qu'il y a des différences d'échelle entre ce combat et la contestation de la réforme des retraites. Les deux ne sont donc pas incompatibles.

Centralité du combat politique

L'erreur serait de croire que l'impuissance de la gauche résulterait de questions stratégiques. Sans doute la répétition des manifestations ritualisées est-elle contre-productive. Mais la vraie question est politique. C'est celle de la division syndicale qui affaiblit les manifestations. C'est celle de l'absence d'horizon politique qui impose ce sentiment mortifère qu'avec la gauche au pouvoir ce serait la même chose. Ce qui nous ramène à notre sujet. La stratégie de la marginalisation et de la fragmentation menace aussi la gauche de disparition par renoncement à la centralité du combat politique. À force de ne plus trouver à s'exprimer dans le champ politique et de n'être plus qu'une façon d'être au monde individuelle et, pour ainsi dire, rendue muette, cette gauche finira par s'épuiser. Le processus, sans doute, est déjà entamé.

14. Geoffroy de Lagasnerie, *Sortir de notre impuissance politique*, Fayard, 2020.

Comment réagir? Cette «décorrélation» est l'une des grandes «questions qui fâchent» du temps présent. Et pourquoi n'a-t-elle fait que s'accentuer depuis le dossier de *La Documentation française*? Après l'effondrement du Parti communiste, la faute en incombe principalement à la dérive de la social-démocratie et, pour finir, à la disparition du Parti socialiste en tant que parti de gauche – j'y reviendrai. Mais la formule de Marcel Gauchet nous interpelle sous un autre angle. Il parle de «déliaison» et d'«exigence d'authenticité». Nous avons tendance à percevoir ce diagnostic comme négatif. Il l'est probablement dans l'esprit du philosophe, qui n'a pas la réputation d'être un homme de gauche. Mais on peut en avoir une autre lecture. La déliaison est aussi un signe de maturité. Le militant de gauche ne veut plus suivre aveuglément un discours de propagande venu d'en haut. Il se méfie des slogans. Il reprend sa liberté par rapport aux appareils. Ce qui ne signifie pas désengagement. Les vingt années qui nous séparent du livre de Gauchet l'ont montré à l'envi: l'engagement associatif s'est considérablement développé. On apprécie l'action de terrain, dont on maîtrise le processus et dont on voit immédiatement les effets. L'exigence d'authenticité est aussi un désir de vérité. On ne peut dire que cette exigence aille à l'encontre de la gauche des valeurs. C'est même tout le contraire.

Mais voilà que l'on assiste depuis quelques années à une sorte de retour de cycle. Après deux décennies de «désaffiliation» et de doute, on voit apparaître de nouvelles formes d'inconditionnalité. La création de La France insoumise par son leader charismatique, Jean-Luc Mélenchon, marque peut-être ce retournement de l'histoire. Émettre la moindre critique à l'égard de ce dernier provoque immédiatement une flambée de protestations, à peu près toutes sur le même modèle. Sur n'importe quel sujet, la parole du leader vaut mieux auprès des militants que celle des spécialistes les plus pointus. Il faut alors subir les effets de l'injonction du leader de LFI à ses troupes : « Pourrissez-les ! » s'exclame-t-il en visant les journalistes de Radio France. On a comme un retour du PCF des années 1950. L'usage des réseaux sociaux renforce ces pratiques d'inconditionnalité. Nous courons ainsi le risque d'une « réaffiliation » sur un mode ancien et régressif qui constituerait pour la gauche un autre risque de disparition.

Périls et résilience

Mais le sort de la France insoumise est encore en devenir, pour le meilleur ou pour le pire. La menace de disparition de la gauche est, comme on le voit, multiple, par obsolescence ou minée de l'intérieur par de nouvelles idéologies autoritaires, mais aussi en raison de nouveaux clivages qui brouillent les repères. L'Europe, la laïcité, le souverainisme, entre autres thèmes, peuvent subvertir les clivages traditionnels et engendrer des oppositions nouvelles entre mondialistes et souverainistes, européistes et « nationalistes », qui apparaissent parfois plus importantes que l'appartenance à la gauche.

En dépit de tous ces périls, la résilience d'une grande partie de l'opinion de gauche est encore tangible. Selon une étude publiée par la *Revue française de science politique*, l'axe gauche-droite reste un élément déterminant du choix électoral[15]. En 2017, moins de 10 % de ceux qui se positionnent

15. Vincent Tiberj, « *Running to stand still* : le clivage gauche/droite en 2017 », *Revue française de science politique*, n° 6, 2017.

autour de cet axe se disaient prêts à voter contre leur «camp». C'est le rejet de la politique antisociale de la droite qui constitue le meilleur gage de préservation de la gauche, plus qu'une identité de plus en plus flottante. La confrontation des valeurs présente davantage de contraste que l'opposition des partis politiques.

Chapitre 3
LES CAUSES HISTORIQUES DU DÉSASTRE

Désaffiliation, désengagement, déclin. Oui, mais pourquoi ? Plusieurs facteurs expliquent le désamour dont souffre la gauche politique traditionnelle. La désindustrialisation qui a frappé brutalement la France au début des années 1980 est sans aucun doute la cause majeure, objective, du déclin de la gauche. La déréglementation consécutive à l'arrivée au pouvoir de Ronald Reagan aux États-Unis et de Margaret Thatcher au Royaume-Uni a balayé le modèle fordien et son corollaire économique, le keynésianisme. Mais il serait erroné, et par trop confortable, d'en faire une cause unique. La désindustrialisation n'a provoqué la crise politique de la gauche que parce que ces mutations ont été mal accompagnées par les grands partis de gauche, principalement le Parti socialiste, qui a joué la carte de l'adaptation, c'est-à-dire de la soumission.

La gauche, il est vrai, a été victime d'un terrible contretemps. En 1981, lorsque François Mitterrand entre à l'Élysée, non seulement l'offensive libérale est à son paroxysme dans le monde, mais la France plonge dans une crise qui va très durement frapper la classe ouvrière et, par cercles concentriques, les catégories sociales qui constituaient l'électorat de toute la gauche. Le Parti communiste, le premier, va subir les conséquences de cette mutation.

Entre 1976 et 1983, la sidérurgie perd plus du quart de ses emplois, le textile plus de 28 %, la machine-outil 27,5 %. Les grandes entreprises, dont les effectifs étaient supérieurs à cinq cents employés, régressent parfois de 20 % au profit de plus petites unités. Si l'emploi progresse parallèlement dans le secteur tertiaire, les lieux où l'on fait du syndicalisme et de la politique de gauche sont en forte diminution. L'historien des sciences sociales Gérard Noiriel, à qui j'emprunte ces chiffres, note que « l'accélération du démantèlement industriel français est une preuve de l'aspect irréversible des transformations en cours[16] ». Il est déjà loin le temps où un ministre du général de Gaulle, Michel Maurice-Bokanowski, avait cette formule qui rendait compte de la crainte qu'inspirait au pouvoir la classe ouvrière : « Quand Billancourt tousse, la France s'enrhume. »

D'abord, l'effondrement du PCF

La chute du mur de Berlin et l'effondrement de l'URSS ont assurément participé dans une très large mesure au déclin de la gauche. Même rendu détestable par la dérive stalinienne, le soviétisme constituait encore après-guerre une alternative au capitalisme. On pouvait ne pas vouloir de cette alternative pour notre pays, mais elle existait et était redoutée des hauts lieux de la puissance capitaliste, États-Unis en tête. La preuve par l'absurde est venue avec la chute du Mur, lorsque le capitalisme a cru voir se lever tous les obstacles à son hégémonie. Mais, en France, l'effondrement du PCF, conséquence des processus économiques et des événements ci-dessus évoqués, a eu des effets

---

16. Gérard Noiriel, *Les Ouvriers dans la société française. XIXe-XXe siècle*, Le Seuil, 1986.

hors de proportion sur la gauche dans son ensemble. C'est l'occasion de dire que le rôle de François Mitterrand dans la défaite historique du PCF a sans doute été surestimé. Le « maître tacticien » a « étouffé », selon la formule consacrée, un parti déjà historiquement condamné. Mais ce que personne n'a mesuré à l'époque – et surtout pas Mitterrand –, c'est que la crise de ce parti allait avoir un effet boomerang sur une social-démocratie qui, paradoxalement, était adossée à un partenaire-adversaire qui lui offrait le « confort » d'un positionnement médian et lui permettait encore de résister dans une certaine mesure à l'offensive libérale. En choisissant de porter ses coups les plus rudes au PCF, Mitterrand a remporté une victoire à la Pyrrhus. Il a préparé la ruine de son propre parti.

Cet épisode témoigne d'ailleurs du caractère pusillanime de notre vie politique. Il fallait affaiblir un parti concurrent, au risque de précipiter dans la déshérence des couches populaires auxquelles rien d'autre n'était proposé. Le Front national a pris le relais. Le Parti communiste était en effet au cœur d'un pacte républicain, et productiviste en diable, avec le pouvoir gaulliste. Pas tant une connivence que des intérêts communs bien compris. Et cette position lui donnait un ancrage profond dans la société. Il en tirait une puissance économique et sociale dont profitait la classe ouvrière dans les communes qu'il tenait et dans les grandes entreprises où régnait la CGT. Dès la parution du programme du Conseil national de la Résistance, le 15 mars 1944, les bases du consensus étaient posées pour « une organisation rationnelle de l'économie assurant la subordination des intérêts particuliers à l'intérêt général ». Il y était surtout question du « retour à la nation des grands moyens de production monopolisés ».

La nation, sa mission universelle, le credo productiviste : autant de proclamations qui ne pouvaient que converger avec le discours communiste. Il est loisible d'y apercevoir, tout près de nous, plus que des similitudes avec le discours mélenchonien.

Pour les élites qui entourent de Gaulle à partir du retour du général aux affaires, il va s'agir de substituer à l'empire territorialisé « de Dunkerque à Tamanrasset » un empire industriel et technologique. Le nucléaire, en particulier, va devenir le vecteur du renouvellement de l'influence française. On a à la fois la décolonisation et le néocolonialisme. Le Parti communiste trouve évidemment son intérêt dans ce productivisme hyper-centralisé qui développe des grandes concentrations ouvrières où le parti, via la CGT, renforce son influence. La création d'EDF en 1946, qui unifie la production d'énergie et en assure la distribution, sied parfaitement au PCF. Du point de vue du pouvoir, l'idée que les lieux symboliques de la puissance ouvrière sont sous le contrôle d'un appareil « sérieux » n'est pas non plus pour déplaire. Le rôle joué par la CGT en 1968 confirmera que le pouvoir gaulliste avait vu juste. Jusqu'à la grève générale de Mai 68, et son issue peu glorieuse du point de vue du PCF, le capitalisme d'État version gaulliste est une machine bien huilée. Certes avec de gros accidents de parcours tels que la grève des mineurs de 1963, qui fera plier le pouvoir. Mais l'emploi est au rendez-vous et la croissance est resplendissante.

L'erreur des sociaux-démocrates, mais aussi des trotskistes, a été de ne voir dans le PCF qu'un bras du stalinisme post-soviétique, alors qu'il était aussi, et presque indépendamment, un organisateur local qui irriguait les classes populaires d'associations culturelles, sociales et sportives.

De cette puissance, le Parti communiste ne retire pas seulement les dividendes dans l'entreprise : il rayonne dans de très nombreuses municipalités. L'idée assez répandue, dans des secteurs ouvriers moins politisés, qu'il fallait voter communiste aux municipales et de Gaulle à la présidentielle de 1965 n'était donc contradictoire qu'en apparence.

L'historien Roger Martelli décrit parfaitement ce communisme municipal fait de réseaux d'associations ayant créé des tissus de solidarité[17]. Les transformations sociologiques et la crise politique qui a affecté le PCF ont entamé puis dissous ces liens précieux. L'effondrement du PCF, c'est bien plus que la défaite d'un appareil. Une partie importante du déclin de la gauche est là. Non pas tant en raison de la crise de ce parti en soi que parce que celle-ci a eu un effet de contagion sur la social-démocratie. Les dirigeants socialistes des années 1990-2000 ont cru triompher. Beaucoup ont bombé le torse devant l'élimination du grand concurrent issu du congrès de Tours. Ils n'ont pas compris qu'ils sciaient la branche sur laquelle ils étaient assis. Leur triomphalisme facile aurait eu un sens s'ils avaient relevé le défi de l'implantation ouvrière. Ils ont fait tout le contraire.

Les dirigeants socialistes ont péché de deux façons. Ils ont collé à la droite en adoptant une politique de l'offre qui les a conduits sur plusieurs dossiers jusqu'à se confondre avec elle. Puis, devant le désastre de cette politique, ils se sont mis en quête d'une nouvelle base sociale, aussi fragile qu'artificielle. C'est la théorie des nouvelles minorités. Le PS a semblé alors s'investir davantage dans le sociétal que dans le social. Avant d'opérer de nouveau un brusque changement de pied, abandonnant la défense des minorités

---

17. Roger Martelli, *Le PCF, une énigme française*, La Dispute, 2020.

pour un tournant sécuritaire et identitaire. On peut dire qu'en deux décennies le Parti socialiste a tout perdu : son implantation populaire dans les classes moyennes et des vertus éthiques de solidarité. Le quinquennat Hollande et le ministère Valls résument parfaitement cette ultime trahison, qui ne pouvait conduire qu'à un personnage comme Emmanuel Macron, qui ne théorise pas la « fin de l'histoire » mais pratique en quelque sorte la fin de la politique comme espace de conflictualité pour imposer un modèle managérial.

La social-démocratie, c'est une histoire de trahisons qui remonte aux origines. Le mot est rude et parfois injuste. La trahison se juge en regard de la doctrine affichée par un parti politique, non de ce qu'on voudrait qu'il soit. On ne peut pas accuser un mouvement de n'être pas ce qu'il n'a jamais prétendu être. Mais la trahison est parfois aussi évidente que violente. Le meilleur exemple – ou le pire – est évidemment le ralliement d'une grande majorité de la social-démocratie à la bourgeoisie nationale en août 1914. L'exemple est venu d'Allemagne, lorsque le leader du SPD (Parti social-démocrate) Hugo Haase s'est exclamé : « Nous n'abandonnerons pas la patrie à l'heure du danger », avant de voter les crédits de guerre. « Le 4 août 1914, la social-démocratie allemande a abdiqué et l'Internationale socialiste s'est effondrée », commentera Rosa Luxemburg. À noter que celui que l'on considère comme le père de la social-démocratie, l'ancien marxiste Eduard Bernstein, après un premier ralliement à la ligne nationaliste, se ravisera rapidement, en réformiste finalement conséquent.

Les socialistes français, pacifistes, ont pu pareillement se sentir trahis, le 4 août 1914, lorsque l'un de leurs leaders, Léon Jouhaux, se rallie lui aussi à l'effort de guerre. Le revirement est d'autant plus cruel qu'il surgit dans l'éloge à Jean Jaurès, assassiné quelques jours plus tôt, et dont ce n'était certainement pas la conviction. Un homme était trahi autant qu'une idée. Le discours de Jouhaux ouvre alors la voie à la participation des socialistes au gouvernement d'union sacrée. Et la social-démocratie ne trahira pas à moitié. Jules Guesde y sera ministre d'État, Marcel Sembat ministre des Travaux publics, et Albert Thomas aura le portefeuille de l'Armement. Le 29 juillet, soit moins d'une semaine avant, Guesde et Sembat avaient participé à une réunion de socialistes européens « contre la guerre »... Manuel Valls n'aurait pas fait pire. Entre-temps, il est vrai, la forte voix de Jaurès s'était tue. Le congrès de Paris, en 1915, confirmera le soutien de la SFIO à l'effort de guerre, malgré une minorité qui dénonce « la guerre impérialiste ». Le nationalisme retrouve alors son hégémonie aux dépens des solidarités de classes et de l'internationalisme.

S'il fallait faire l'inventaire des grandes trahisons, il faudrait également citer, bien que l'affaire soit plus complexe, la non-intervention de la France du Front populaire dans la guerre d'Espagne en août 1936, mais aussi les accords de Munich avec Hitler en septembre 1938, approuvés par une majorité de socialistes qui, il est vrai, n'étaient plus au pouvoir depuis plus d'un an. Ou encore, et peut-être surtout, le vote de quatre-vingt-dix parlementaires de la SFIO en faveur des pouvoirs spéciaux au maréchal Pétain, le 10 juillet 1940. Léon Blum, qui ne sera pas de ceux-là, a confessé s'être alors senti « comme un étranger, comme un suspect » dans son propre parti. Quant aux communistes, enfermés dans le pacte germano-soviétique (août 1939), ils n'ont pas fait mieux.

L'Algérie ou la première mort de la social-démocratie

Après le nationalisme, le colonialisme a été la grande tache sur l'histoire sociale-démocrate. L'affaire algérienne n'est pas sans résonances dans la France d'aujourd'hui. Je m'y attarde un instant parce qu'elle pèse encore lourdement sur notre société : les générations issues de l'immigration maghrébine ne peuvent oublier le rôle central de la social-démocratie. Je m'y arrête aussi pour deux autres raisons. Parce qu'elle révèle un trait majeur de la social-démocratie : sa vulnérabilité quand la droite fait pression. Et parce que Guy Mollet a été, plus que tout autre dirigeant social-démocrate, l'homme d'un double discours. Archétype de la social-démocratie, il en a été aussi l'un des fossoyeurs. Son crime : la guerre coloniale en Algérie, tandis que, tant bien que mal, il restait réformiste en France et maniait des concepts inspirés par le marxisme.

Quand il arrive à Matignon le 1er février 1956, Mollet tente de concilier les deux aspects en définissant sa doctrine sur l'Algérie par un triptyque porteur d'espoir : cessez-le-feu, élections libres, négociations. Mais un événement va montrer la fragilité de ses convictions et la permanence de la culture coloniale dans la gauche française. L'épisode est connu. En visite à Alger, le 6 février, il est conspué par les ultras de l'Algérie française et reçoit une pluie de projectiles divers. C'est la fameuse « journée des tomates ». Il a suffi de cette humiliation pour que la République change de stratégie.

Sous l'impulsion d'un socialiste, la guerre coloniale va alors atteindre un paroxysme de violence d'État et de répression aveugle. Mollet renvoie en Algérie plusieurs contingents qui avaient déjà fait leur temps. Plus significatif encore, il sollicite et obtient du Parlement, le 12 mars 1956, les «pouvoirs spéciaux». Deux mots de triste mémoire qui annoncent une guerre totale, incluant notamment la création d'une procédure de justice militaire de «traduction directe», sans instruction, la légalisation des camps d'internement et l'attribution aux militaires des pouvoirs de police. Il est suivi par une gauche officielle quasi unanime. Mollet montre jusqu'à quel point la social-démocratie peut être réactionnaire. Mais il faut dire que le Parti communiste ne se comporte pas beaucoup mieux. Ses députés votent les pouvoirs spéciaux. Peu critiques à l'encontre de Mollet, ils contournent la question de l'indépendance algérienne par la formule de «l'union française». Il est vrai que le PCF sait gré à Mollet de préparer une visite à Moscou pour le mois de mai...

Homme symbole de cette politique coloniale de la SFIO, Mollet n'en est évidemment pas le seul responsable. Les massacres commis par l'armée pour réprimer les révoltes du Constantinois, en mai 1945, ont reçu l'approbation des socialistes. Un ton en dessous cependant du PCF, dont l'un des principaux dirigeants, Étienne Fajon, alors membre du gouvernement provisoire, compare la révolte à «un complot fasciste». La même complicité avec la droite colonialiste s'est manifestée contre les soulèvements de l'après-guerre au Cameroun, à Madagascar, en Côte d'Ivoire, en Tunisie et au Maroc. «Les gouvernements auxquels la gauche a participé, ou ceux qu'elle a dirigés, écrit l'historienne Sylvie Thénault, ont assumé guerres et répressions[18].» Elle ajoute: «Aucune corrélation ne peut être établie entre les périodes où les formations de gauche

18. Dans Jean-Jacques Becker et Gilles Candar (dir.), *Histoire des gauches en France*, vol. 2, La Découverte, 2005.

ont exercé des responsabilités dans la direction de la France et les progrès de la décolonisation, à une exception près : Pierre Mendès France, avec les accords de Genève mettant fin à la guerre d'Indochine et l'enclenchement de l'indépendance tunisienne, fondatrice d'un modèle applicable au Maroc. »

Une gauche morale

Mais Mendès France fut ce personnage atypique, jamais membre d'ailleurs de la SFIO, et toujours fidèle à une éthique de responsabilité. Heureusement, une autre gauche, celle des valeurs, fait entendre sa voix. Après le vote des « pouvoirs spéciaux », elle ne mégote pas sur la notion de trahison. La revue *Les Temps modernes* note : « Ces pouvoirs [sont] parfaitement inutiles pour la négociation mais indispensables pour la poursuite et l'aggravation de la guerre[19]. » C'est donc sous un gouvernement socialiste que l'on commence à parler de torture. Un texte fait date. Publié dans *Le Monde* le 5 avril 1956, il porte la signature du chrétien de gauche Henri Marrou : « Partout en Algérie, la chose n'est niée par personne, ont été installés de véritables laboratoires de torture, avec baignoires électriques et tout ce qu'il faut, écrit Marrou, et cela est une honte pour le pays de la Révolution française et de l'affaire Dreyfus. »

L'engagement militaire est total. Et pour faire bonne mesure, Mollet lance la France dans l'aventureuse opération de Suez, conjointement avec le Royaume-Uni et Israël. Le but inavoué est de chasser Nasser, qualifié, en France comme en Israël, de « nouvel Hitler ». L'affaire tourne au

19. Benjamin Stora, *Histoire de la guerre d'Algérie*, La Découverte, 2004.

fiasco mais elle révèle un autre aspect de l'idéologie coloniale : l'empathie avec un gouvernement israélien qui, huit ans plus tôt, a poussé à l'exode et à l'exil quelque huit cent mille Palestiniens. Autour du conflit israélo-palestinien, une autre ligne de fracture durable se dessine au sein de la gauche. Là aussi, la SFIO fait chorus, au moins dans ses instances dirigeantes. La question coloniale finira tout de même par produire à l'intérieur de la social-démocratie française un schisme dont l'onde de choc emportera définitivement la SFIO à la fin des années 1960. L'un de ses dirigeants les plus en vue, André Philip, dénonce « une orientation nationaliste, cocardière et petite-bourgeoise ». Il publie un livre au titre définitif, *Le Socialisme trahi*, et crée en septembre 1958 le Parti socialiste autonome, ancêtre du PSU, né en avril 1960.

Chapitre 4
L'ÈRE MITTERRAND OU LE DÉBUT DE LA FIN

Ce qui, vu de l'extérieur, apparaît comme une trahison ressortit parfois à une réalité plus complexe. Ce peut être la résultante de luttes internes entre courants antagonistes. C'est le cas de l'épisode connu sous le nom de « parenthèse libérale », en mars 1983, découlant d'un affrontement entre deux groupes au sommet de l'État mitterrandien. Il y a moins eu « trahison » que victoire du courant qui, dès le départ, était hostile aux promesses électorales du candidat. En l'occurrence, le chef de file de l'opposition à la politique de relance fut Jacques Delors. Les premières escarmouches ont eu lieu en juillet 1981 autour de la question des nationalisations bancaires. On sait ce qui s'ensuivit. La fameuse « parenthèse libérale » ne s'est jamais refermée, inaugurant une politique d'austérité qui allait conduire à l'effondrement final de la social-démocratie.

Adaptation au néolibéralisme

L'ère inaugurée en 1981 par François Mitterrand, que l'on fera courir sur près de quatre décennies avec ses héritiers politiques, Lionel Jospin et François Hollande, est l'histoire de l'abandon progressif du paradigme social. Il sera question ici d'un véritable changement de nature. Au point qu'il n'est pas exagéré de parler de disparition par obsolescence de la social-démocratie. C'est-à-dire d'un pilier séculaire de la gauche. Curieusement, le vocabulaire médiatique a décrit le chemin inverse. Les gazettes ont peu à peu qualifié de « sociale-démocrate » la ligne du renoncement au partage des richesses et au réformisme social. Un homme comme Manuel Valls a ainsi été couramment présenté comme social-démocrate parce qu'il incarnait, à l'extrême, une politique d'austérité budgétaire et une doctrine sécuritaire hostile aux classes moyennes et inférieures. La justification de ce paradoxe sémantique, qui qualifiait de « social-démocrate » ce qui n'était plus social et était de moins en moins démocrate, était le « réalisme ». En vérité, l'adaptation au néolibéralisme, jusqu'à en être le fer de lance. Je préfère donc, pour ma part, parler de « social-libéralisme ». Jusqu'au moment où le paradigme social a lui-même fini par s'effacer, à la fin du quinquennat de François Hollande. Il me paraît alors plus pertinent de parler, nous le verrons, de « démocratie libérale ». Quoi qu'il en soit, avec Valls et Macron, nous ne sommes plus dans le périmètre de la gauche.

Cette métamorphose, qui est, du point de vue de la gauche, une dérive, voire une déchéance, s'est produite en plusieurs étapes. L'économiste François Morin, qui fut en 1981, au cabinet de Jean Le Garrec, secrétaire d'État chargé de l'extension du secteur public (tout un beau programme !), revient sur quelques moments décisifs de cette mutation dans un ouvrage au titre édifiant : *Quand la gauche essayait encore*[20]. Son récit est précieux parce que publié alors que la gauche, après un dernier râle, n'essayait plus du tout. Il revient sur un événement que l'histoire n'a pas

20. François Morin, *Quand la gauche essayait encore*, Lux, 2020.

retenu – peut-être a-t-elle eu tort. On doit à François Morin de le connaître. C'est « un beau jour de 1991 » que Pierre Bérégovoy, alors ministre de l'Économie et des Finances de François Mitterrand, est allé voir le Premier ministre, Michel Rocard. Celui-ci raconte que Bérégovoy avait sous le bras un projet d'ouverture du compte de capital de la France : autrement dit, une demande permettant aux capitaux financiers internationaux de pouvoir entrer et sortir librement du pays. Redoutant une libéralisation à tout-va avec l'entrée de capitaux spéculatifs à très court terme, Rocard éconduit son visiteur. Mais celui-ci ne renonce pas. Il revient à Matignon quelques jours plus tard avec un nouvel argument : toutes les grandes nations développées sont en train d'entrer dans l'ère de la libéralisation financière et notre pays ne peut pas se comporter comme le dernier des Mohicans.

Vingt-cinq ans plus tard, Michel Rocard confie à François Morin que, « la mort dans l'âme », il a fini par signer le décret. Non sans ajouter qu'il était toujours hanté par cette décision – le coup du remords n'est pas sans rappeler les larmes de Léon Blum après son refus de voler au secours des républicains espagnols en 1936. Avec ce mouvement de libéralisation, note François Morin, « les plus grandes banques ont vite atteint des tailles démesurées au début des années 2000 ». Elles abuseront de l'arme du crédit, qui sera « un carburant essentiel de l'activité spéculative », avec les conséquences que l'on connaît : baisse de la part des salaires dans le produit intérieur brut et recul des investissements. Ce jour-là, la France (et avec elle la gauche officielle) était entrée dans l'ère libérale.

Une double question se pose : le gouvernement socialiste pouvait-il échapper à cette vague libérale venue du

Royaume-Uni et des États-Unis ? Et, quoi qu'il en soit, était-ce le rôle de la social-démocratie de prendre un tournant aussi contraire à sa doctrine historique puis d'en assumer, parfois avec zèle, les conséquences sociales ? Ces questions en appellent une autre : la social-démocratie n'était-elle pas historiquement formatée pour un partage des richesses dans une période de croissance ? Dans une situation de faible croissance, pouvait-elle survivre sans se réformer profondément pour revenir à l'esprit du « réformisme révolutionnaire » de Jaurès ?

Mitterrand arrive au pouvoir alors que c'en est fini des « Trente Glorieuses » (1945-1975), expression en elle-même datée, que l'on doit à l'économiste Jean Fourastié, et qui recouvre bien des ravages écologiques. Ces années d'après-guerre s'étaient caractérisées par des taux de croissance excédant régulièrement les 5 %, une consommation de masse, un plein-emploi favorisant une répartition des richesses certes inégalitaire mais qui profitait bon an mal an à toutes les catégories sociales incluses dans le système. Dans un tel contexte, le Parti communiste était regardé comme l'artisan du progrès social dans l'entreprise, et la social-démocratie profitait d'une sorte de magistère moral. Les dégâts de cette phase d'intense productivisme (« Gagner la bataille de la production est aussi important que d'avoir gagné la bataille de la Libération ! », scandait Maurice Thorez pour encourager les ouvriers à travailler plus) n'ont été constatés que bien plus tard. Mais que faire après ces trois décennies d'intense production ? Que faire alors qu'il n'y avait « plus rien à partager », pour reprendre l'hypocrite formule souvent entendue de la bouche des libéraux ? Plutôt que de suivre la pente du néolibéralisme, il aurait fallu que la gauche aille à contre-courant, avec une politique fiscale entièrement repensée. Le partage, dans ces conditions nouvelles, aurait exigé que l'on mette fortement à contribution les grandes fortunes et les patrimoines. Le réformisme aurait pris un contenu révolutionnaire. Au lieu de quoi, le pouvoir socialiste n'eut de cesse de se soumettre et d'exercer sa pression sur les salariés.

En 1992, l'adoption du traité de Maastricht par référendum, à l'instigation de François Mitterrand et des socialistes, a inauguré ce que Jacques Julliard a appelé imparfaitement une période d'« immobilisme de gauche ». L'expression est séduisante mais incomplète. Tout n'a pas été immobile, tant s'en faut. Car la mécanique européenne ainsi mise en mouvement a entamé un long et inexorable travail de sape des acquis sociaux.

L'engagement des socialistes français en faveur du traité de Maastricht a définitivement emprisonné la France – et la gauche de gouvernement – dans une politique d'austérité budgétaire. Rappelons les principaux points du traité. C'est la fameuse « convergence » économique, qui devait permettre de rapprocher les économies européennes en vue de la création de la monnaie unique. L'euro est né en 2000, et les impératifs de convergence sont désormais la loi qui transcende toute autre considération, sociale notamment. Le déficit public ne doit pas excéder 3 % du PIB, et la dette publique ne doit pas aller au-delà de 60 % du même PIB. Un troisième critère achève de cadenasser la politique économique en imposant aux États membres de ne jamais avoir un taux d'inflation qui dépasse de plus de 1,5 % celui des trois pays de l'Union les moins inflationnistes. Ce simple énoncé met en évidence la disparition de tout critère social. Dans le discours officiel, l'Europe a été régulièrement tenue pour responsable des effets délétères de la politique d'austérité sur les classes laborieuses. On verra qu'il s'agit d'un tour de passe-passe qui vise à transformer la politique en une succession de fatalités. Comme si le choix de Maastricht n'avait pas été d'abord une décision de la social-démocratie française.

De ces deux décennies qui vont de 1981 à 2002, il faut tout de même ressortir le bilan contrasté de Lionel Jospin, Premier ministre de cohabitation sous la présidence Chirac. Avec la « gauche plurielle », victorieuse des législatives de 1997, Lionel Jospin, homme de conviction sans aucun doute, a mené une politique pleine de contradictions, entérinant Maastricht avec la ratification du traité d'Amsterdam mais initiant une première tentative d'association (plus que de synthèse) entre la gauche traditionnelle et l'écologie. Hélas, les écologistes ont rapidement constaté que les arbitrages leur étaient rarement favorables, à la notable exception de l'arrêt du surgénérateur nucléaire Superphénix. Mais, surtout, la relance des privatisations et le tournant sécuritaire incarné par le ministre de l'Intérieur Jean-Pierre Chevènement ont eu un effet désastreux sur l'opinion de gauche.

Portons au crédit de Lionel Jospin et de sa ministre de l'Emploi et de la Solidarité, Martine Aubry, l'audacieuse réforme des 35 heures. Historiquement, c'est la dernière réforme sociale de l'histoire de ce courant politique. On citera cependant l'analyse très critique de l'historien Xavier Vigna. Dans son *Histoire des ouvriers en France au XXe siècle*, il montre que « le lien entre appartenance ouvrière et vote à gauche se délite progressivement : alors que les ouvriers avaient voté à gauche à 70 % en 1981, leur part régresse de dix points à l'élection présidentielle de 1988 ». En 2002, ils ne sont plus que 45 % d'ouvriers à voter à gauche à la présidentielle, marquée par l'échec au premier tour de Lionel Jospin, devancé par Jean-Marie Le Pen. Ce délitement est dû bien sûr à la désindustrialisation et à l'abandon des classes populaires par le Parti socialiste. Il est aussi, selon l'historien, la conséquence d'un énorme pataquès autour de la réduction du temps de travail. La tentative d'instauration des 35 heures par Martine Aubry dans le gouvernement Jospin aurait pu être un retour au réformisme social. Mais les hésitations et le manque de fermeté du PS face au patronat ont tourné au désastre dans certains secteurs. Xavier Vigna rappelle que, dans les usines, la réduction du temps de travail s'est accompagnée de dispositifs encourageant la flexibilité et l'annualisation. Il cite l'exemple de Peugeot, où la mesure s'est traduite par la suppression du décompte du temps de pause dans le travail effectif (soit 25 minutes par jour) ou la fin du travail le samedi rémunéré en heures supplémentaires. Dans un contexte de bas salaires, la mesure est vécue dans certains secteurs comme une régression sociale. Il en sera de même dans les hôpitaux, où la réduction du temps de travail devait être compensée par des embauches qui ne sont pas venues à hauteur. De l'art de retourner contre soi une mesure qui devait renouer avec le mouvement historique de réduction du temps de travail[21]… Là aussi, avec beaucoup d'atermoiements et de contradictions.

En fin de compte, et malgré ces contre-exemples dans quelques secteurs clairement identifiés, les 35 heures ont tout de même, selon une étude de l'Insee de 2004, généré 350000 emplois sur l'ensemble du pays entre 1998 et le 31 décembre 2001[22]. En dépit des ratés dans l'application

21. Xavier Vigna, *Histoire des ouvriers en France au xxe siècle*, Perrin, 2012.
22. *Économie et statistique*, n° 376-377, 2005.

de la réforme, on peut dire que Lionel Jospin aura été, face aux vents contraires de la mondialisation libérale, le dernier des réformistes au pouvoir.

L'Europe comme substitut idéologique au socialisme

L'abdication socialiste s'est manifestée principalement autour de deux thèmes majeurs étroitement liés : la question de l'État et celle de l'Europe. En 1981, François Mitterrand est élu sur un programme de relance qui fait la part belle à l'État. Mais cette politique de retour à l'État-providence vient à contre-courant de la tendance dominante dans le monde occidental, où triomphent les idées libérales, et même ultralibérales. L'État n'est plus la solution, il devient le problème. Il subit les assauts des économistes libéraux de l'école de Chicago, comme Milton Friedman. Le terrain des socialistes est miné. Les libéraux opposent l'efficience du marché au pouvoir de l'État. Isolée, la France mitterrandienne ne résiste pas longtemps. À partir de 1983, François Mitterrand préconise l'allègement des « pouvoirs inutiles et pesants ». Les charges des entreprises sont diminuées, les dépenses sociales sont réduites et le secteur public inaugure une politique d'austérité salariale. Bref, la promesse sociale est abandonnée. C'est tout un corps de doctrine historique qui s'effondre. Comme le veut une tradition persistante du socialisme français, l'aveu n'en sera jamais fait. Mais il faut tout de même trouver une idéologie de substitution. Inventer un discours qui mette en perspective la nouvelle politique de Mitterrand et offre un horizon aux militants qui n'auront plus guère l'occasion – sauf les jours de fête – de prononcer le mot « socialisme ». Cette idéologie, ce sera l'Europe.

Or, comme le note l'économiste Jacques Chevalier, « les instances européennes ont imposé la suppression progressive des réglementations nationales qui faisaient obstacle à la libre circulation des personnes et des biens ou faussaient le jeu de la concurrence[23] ». C'est l'apparition de la fameuse « concurrence libre et non faussée » qui sera, en 2005, au cœur du débat sur le projet de Constitution européenne. L'État est affaibli sans jamais que ses vertus protectrices soient reprises au niveau européen. Tous ces reculs vont passer comme en contrebande d'un discours qui dotera l'Europe d'un contenu idéologique qu'elle n'a pas. Le « moment Maastricht » n'est pas seulement celui de la soumission à un rapport de force défavorable, c'est une stratégie de dissimulation. L'Union aurait des vertus pacifistes et intrinsèquement sociales. La personnalité de François Mitterrand, son histoire personnelle, a beaucoup compté dans l'élaboration de ce subterfuge. Comme il le rappellera en 1995 dans un discours testamentaire prononcé devant le Parlement européen, le président français était né pendant la Première Guerre mondiale et il avait combattu pendant la Seconde. La guerre avec le voisin allemand a hanté toute son existence. On veut bien croire que la paix fût une obsession bien longtemps après que toute menace guerrière eût été écartée – elle l'était en vérité depuis la chute du Reich et la démilitarisation de l'Allemagne. C'est la part que l'on peut concéder à la psychologie. C'est au nom du pacifisme que Mitterrand vendra le projet européen à l'opinion française. Le socialisme étant impossible, même dans sa modeste acception sociale-démocrate, l'Europe de

23. Jacques Chevalier, *Regards sur l'actualité*, La Documentation française, mars-avril 1995.

la paix entre les nations est érigée en idéal de substitution. Mais le Président va plus loin. Dans son discours, l'espace européen en soi s'est chargé d'une substance politique et sociale qu'il ne possède pas.

La campagne socialiste en faveur du traité de Maastricht, en 1992, fut le moment historique de cet abandon. Conscient ou non, cynique ou non, François Mitterrand a puisé pour ce faire dans une poussiéreuse culture générationnelle. La réconciliation franco-allemande a été invoquée hors de propos, comme si une nouvelle guerre entre les deux « ennemis héréditaires » menaçait, et comme si seule l'Europe pouvait nous en préserver. Sur un plan géopolitique, le dossier des euromissiles avait déjà étrangement relancé un argument pacifiste qui liait en vérité le destin de notre pays à l'Otan. Dès 1983, François Mitterrand avait fait cause commune avec le chancelier démocrate-chrétien Helmut Kohl pour l'installation de fusées Pershing de l'Otan en riposte aux missiles SS-20 soviétiques. Un an plus tard, le 22 septembre 1984, le pacifisme mitterrandien s'enrichissait d'une image symbolique qui allait faire le tour du monde : celle d'un président français et d'un chancelier allemand se tenant main dans la main devant l'ossuaire de Douaumont, près de Verdun. Cette proximité politique avec le démocrate-chrétien Helmut Kohl est une première manifestation de l'abandon du paradigme social et de l'importance donnée au « couple franco-allemand », qui va submerger toute considération politique. Car il se trouve que c'est aussi – on l'a peu dit à l'époque – un couple gauche-droite.

Le pacifisme est, dans la pensée mitterrandienne, l'argument moral décisif. La suite de l'histoire a montré que c'était là un argument bien faible. Ou, plus exactement, un argument d'un autre âge à l'ère des grands conflits sociaux. Cette vision simpliste, Mitterrand la répète dans le discours testamentaire de janvier 1995. Après un magnifique exercice oratoire, il conclut par un slogan qui lui vaut les acclamations : « Le nationalisme, c'est la guerre ! » Pourtant, ces mots apparemment indiscutables ne recueilleraient plus pareille unanimité aujourd'hui. Car la politique libérale de l'Europe a permis aux nationalistes d'envahir les rangs de l'Assemblée européenne. En fait, à l'époque déjà, le beau discours pacifiste n'est plus ni anti-impérialiste ni anticapitaliste. Et le social s'est volatilisé. Le paradoxe est manifeste. C'est le libéralisme européen et l'abandon du social qui ont, en réaction, généré de nouvelles formes de nationalisme, qu'on les nomme « populiste » ou « illibérale ». Un nationalisme rétracté et défensif qui ne menace pas encore les voisins, mais dresse des chevaux de frise à ses frontières. Les premières victimes de ces nouveaux nationalismes produits par l'Europe libérale, ce sont les femmes et les hommes fuyant les conflits du Moyen-Orient ou de l'Afrique. La Hongrie de « l'illibéral » Viktor Orbán illustre dramatiquement cette tendance que l'on retrouve dans tous les pays européens, le plus souvent dans des mouvements d'opposition d'extrême droite.

Ajoutons que, si le credo pacifiste pouvait s'entendre pour la génération de François Mitterrand, il n'est pas compréhensible pour la suivante. D'autant moins que les grosses ficelles sont de plus en plus visibles lorsque le renoncement au social se traduit, au nom de l'Europe, par un cortège de mesures et de lois qui plient le système social français à la loi d'airain du capitalisme libéral. L'acmé de cette entreprise de destruction sera atteinte avec Hollande et Valls et la loi travail, inspirée de la politique du social-démocrate allemand Gerhard Schröder. Aujourd'hui,

Mitterrand pourrait aussi s'exclamer : « Le néolibéralisme, c'est la guerre ! » Une guerre sociale et environnementale qui promet d'être ravageuse. Alors que l'Europe aurait pu être l'espace politique d'un État-providence européen, d'une harmonisation fiscale et sociale et d'une transition écologique qui eût été une référence pour toute la planète, elle n'est que ce continent qui se déchire sur tous les grands problèmes de notre temps. À commencer par le dossier douloureux de l'immigration, dans lequel, étonnamment, c'est la chancelière allemande, femme de centre droit, qui a témoigné le plus de courage et d'humanité.

Certes, les socialistes français ne portent pas sur leurs seules épaules la responsabilité de ce terrible raté de l'histoire. Le Britannique Tony Blair et l'Allemand Gerhard Schröder – se réclamant eux aussi du courant social-démocrate – ont théorisé une sorte de troisième voie, le premier à partir de 1994, le second à son accession à la chancellerie en 1998. Tout comme Mitterrand, et plus ouvertement que lui, ils ont oublié le lexique socialiste pour se plier à un impératif comptable et productiviste qui a accru les inégalités et durablement tué l'espoir.

L'affaire du référendum de 2005

L'autre épisode marquant dans ce long couloir de la mort emprunté par le PS, tout aussi lié à la question européenne, est évidemment l'affaire du référendum de 2005. La campagne socialiste pour le « oui » au Traité constitutionnel européen a été l'occasion d'un rapprochement quasi fusionnel avec la droite, jusqu'à battre les estrades avec elle, tandis que s'étalait sur les murs de nos villes la couverture d'un hebdomadaire où paraissaient côte à côte, et tout sourire,

François Hollande (qui n'était encore que premier secrétaire du PS) et Nicolas Sarkozy. L'Europe de Maastricht révélait à ceux qui en auraient encore douté sa véritable fonction consensualiste. Le clivage pro-Européens/anti-Européens, par ailleurs souvent mal posé, allait brouiller le clivage droite/gauche. Non seulement la gauche sociale-démocrate avait mis un pied dans la tombe, mais elle allait emporter avec elle une part de démocratie.

Car la démocratie n'a pas pour seul ennemi le totalitarisme. Elle peut mourir aussi de l'indifférenciation politique. C'est exactement ce que portait en lui cet attelage Sarkozy-Hollande faisant campagne d'une même voix. Une confusion idéologique qui avait finalement la même signification, le sourire en plus, que le *«There is no alternative»* de Margaret Thatcher. On sait ce qui est advenu : droite et gauche réunies ont subi un terrible désaveu de la part des électeurs, qui ont massivement (55 %) rejeté le traité. Mais la lie était encore à boire au fond du calice. En 2008, l'adoption, grâce à l'abstention complice des mêmes socialistes, d'un traité de Lisbonne qui effaçait, au mépris de toute démocratie, le «non» populaire de 2005 a porté le coup de grâce. On peut dire alors que la social-démocratie entrait dans son agonie ultime. Aux yeux de beaucoup de nos concitoyens, la preuve était apportée que gauche et droite, au sens électoral des termes, ne se distinguaient plus guère. Le poison de l'abstention pouvait commencer à se répandre. Puisque tout est égal, à quoi bon? Le peuple étant parfois magnanime, ou amnésique, ou plus probablement n'ayant pas d'autre choix, il a élu François Hollande en 2012. Il s'agissait surtout de se débarrasser de Nicolas Sarkozy. Mais, il faut bien le dire, Hollande n'a su faire illusion que le temps d'un discours. Le fameux discours du Bourget en janvier 2012.

Chapitre 5
LE SOCIÉTAL CONTRE LE SOCIAL, PUIS L'INVERSE

La décennie 2002-2012 – qui correspond pour les socialistes à une traversée du désert, entre l'échec de Lionel Jospin à la présidentielle et la victoire de François Hollande dix ans plus tard – a été marquée par un véritable désarroi idéologique. Ce sont les années, il faut le rappeler, qui ont suivi les attentats du 11 Septembre et qui ont été celles, au Proche-Orient, de la deuxième Intifada et d'une violente répression dans les territoires palestiniens. Des événements qui ont lourdement pesé sur la gauche française. Le Parti socialiste a été traversé par un conflit opposant les tenants des « nouvelles minorités » – le « parti des bobos », dira méchamment Marine Le Pen – et ceux d'un faux retour au social sur un terrain identitaire. Deux fautes, en réalité, qui vont accélérer un naufrage moral que la victoire de François Hollande va, un temps, masquer.

On pourrait qualifier la première faute de brechtienne : n'ayant plus rien à proposer au peuple, le PS entreprit non pas de le dissoudre, mais de l'ignorer. L'alibi et le soubassement idéologique furent fournis par le think tank Terra Nova, généralement qualifié de centre gauche mais très lié au monde de l'entreprise. Dans une note de quatre-vingt-deux pages parue en mai 2011[24], ses experts théorisaient

24. « Gauche, quelle majorité électorale pour 2012 ? », Terra Nova, mai 2011.

le déplacement de la classe ouvrière vers la droite et même l'extrême droite, et en concluaient que le PS devait se tourner vers une autre base électorale, définie comme appartenant à des « minorités ». Le directeur de Terra Nova, Olivier Ferrand, expliquait ce changement de stratégie par « l'explosion » des classes sociales – et donc de la classe ouvrière. Les nouvelles catégories ciblées, qualifiées d'« outsiders », procédaient d'un amalgame sociologique : les femmes, les jeunes, les immigrés... Il n'est évidemment pas question ici de contester la nécessité d'un engagement d'un parti de gauche auprès de ces catégories souvent sous-représentées, voire exclues socialement et politiquement. La faute est bien plutôt d'avoir corrélativement considéré les classes populaires traditionnelles comme perdues pour « la cause ».

Des classes populaires poussées dans les bras du FN

Le raisonnement était d'autant plus spécieux qu'il semblait tenir la classe ouvrière pour responsable de sa propre droitisation. C'était évidemment confondre la cause et les effets, et, comme disent les juristes, « se prévaloir de sa propre turpitude ». Car la cause première, c'était bien d'abord la droitisation du PS et l'effondrement du PCF, auquel le PS avait fièrement contribué. Le résultat ? Les stratèges de la droite de la social-démocratie ont lâché la proie pour l'ombre. Ils ont définitivement perdu les classes populaires, poussées un peu plus dans les bras du Front national, et ils n'ont pas gagné significativement les nouvelles catégories visées, notamment les jeunes, que seule une politique sociale volontariste aurait pu réintégrer dans le jeu démocratique. Ce changement de stratégie n'était pas tant le fruit d'une nouvelle théorie que d'un rapprochement avec les élites économiques qui s'est traduit par une politique de l'offre, conforme au souhait des néolibéraux. Et conforme aussi, hélas, aux nouveaux intérêts de jeunes dirigeants socialistes happés par le pouvoir. À ceux-là, Terra Nova a offert ce que certains sociologues ont appelé une «théorie de confort».

Le nouveau positionnement a permis au Front national d'occuper le terrain social. Une sorte de symétrie tragique s'est ainsi dessinée avec, d'un côté, un PS de plus en plus asocial mais plutôt progressiste sur certaines thématiques morales et, de l'autre, un FN captant une grande partie de l'électorat populaire mais férocement réactionnaire sur les questions de mœurs. Cette fracture entre le social et le sociétal a durablement déchiré la gauche, qui ne s'en est toujours pas remise. Le désastre a été total lorsque le Parti socialiste a cru pouvoir se refaire en tentant de concurrencer le Front national sur les questions sociétales. Au lieu de réinvestir le social, il a cru devoir rivaliser avec le parti d'extrême droite par une surenchère réactionnaire et répressive, en particulier contre les immigrés, mais aussi contre les jeunes des cités. Cette politique a conforté la droitisation des classes populaires en les tournant contre les immigrés.

Après la théorie des nouvelles hégémonies, qui allait supposément moderniser le parti, il y eut finalement un rude retour de manivelle pour tenter de reconquérir l'électorat populaire, mais avec de très mauvais arguments, à dominante identitaire. Et surtout un angle mort significatif. Que sont les classes populaires aujourd'hui si on en exclut toute une population issue de l'immigration? Le non-dit de cette fausse opposition est que les classes populaires sont blanches. Valls et ses amis ont entrepris de pêcher en eaux troubles. La question de l'islam est alors devenue centrale dans le discours de la gauche. Les meurtres antisémites commis par Mohammed Merah dans la région de Toulouse en 2012, puis les attentats contre *Charlie Hebdo* et le magasin Hyper Cacher en janvier 2015 ont renforcé cette tendance au harcèlement, durement ressentie par la population musulmane. Là encore, le problème n'est évidemment pas la mobilisation contre le terrorisme islamiste, mais l'abandon d'une politique sociale qui aurait asséché le terreau de l'islam radical. L'ensemble a donné le sentiment que la question identitaire et les amalgames antimusulmans se substituaient à la question sociale, non seulement délaissée mais attaquée.

Tournant réactionnaire

Nous avons eu alors la version française du « choc des civilisations » théorisé par le sociologue états-unien Samuel Huntington. Un intellectuel « de gauche » a particulièrement incarné ce brusque tournant, faussement populaire et vraiment réactionnaire, le politologue Laurent Bouvet. Pour lui, la gauche aurait abandonné « le peuple » pour faire de l'immigré « un peuple de remplacement[25] ». Comme on l'a vu, le constat comporte sa part de vérité. Cet abandon, qui n'est pas un fantasme, ne résulte pas seulement du discours de Terra Nova. Il est d'abord, et avant tout, la conséquence du ralliement de la social-démocratie à la politique néolibérale. L'itinéraire de Bouvet reflète d'ailleurs parfaitement les méandres de la politique socialiste. Avant de revenir au « peuple » pour mieux s'en prendre aux

25. Sur le sujet, voir la remarquable analyse de Philippe Corcuff dans *Les années 30 reviennent et la gauche est dans le brouillard*, Textuel, 2014.

immigrés et à l'islam, Bouvet n'a-t-il pas été l'un des plus fervents importateurs du blairisme en France et un chaud partisan de son idéologue, Anthony Giddens? Mais, loin de préconiser le retour à des politiques sociales pour reconquérir ce peuple «enfui» vers d'autres horizons, Bouvet a placé cette reconquête sur le terrain identitaire. C'est ce qu'il appelle «l'insécurité culturelle[26]». Il réinvestit pour cela les grands principes nationaux que sont la République et la laïcité pour les dévoyer en un inavouable combat. Les immigrés deviennent ceux qu'il faut refouler pour rendre au peuple, sinon les moyens de mieux vivre, du moins l'illusion d'être bien «chez lui».

La gauche sociale-démocrate est morte de ces revirements successifs. Elle a fécondé deux fois ceux qui deviendront en 2018 les Gilets jaunes: en les abandonnant socialement puis en tentant de les récupérer sur des bases nauséabondes. En prétendant sauver la gauche, Bouvet a aggravé la déchirure.

Un autre intellectuel, Jean-Claude Michéa, a joué un rôle important dans ce débat sur le positionnement du PS. Il n'a pas évité, lui non plus, un certain nombre d'écueils réactionnaires, mais, à la différence de Bouvet, il a pour lui une réelle cohérence. Michéa est un antilibéral conséquent, et l'a toujours été. Il a mille fois raison, dans *Les Mystères de la gauche*, d'affirmer que la gauche (socialiste, c'est moi qui précise), devenue identique à la droite, a mis en avant les questions sociétales pour se différencier[27]. Mais quand il prône que, pour retrouver les classes populaires, elle devrait «opérer un changement complet de paradigme» et

26. Laurent Bouvet, *L'Insécurité culturelle*, Fayard, 2015.
27. Jean-Claude Michéa, *Les Mystères de la gauche. De l'idéal des Lumières au triomphe du capitalisme absolu*, Flammarion, 2013.

se construire sur la critique de la gauche morale, on ne peut plus le suivre. Or Michéa va très loin dans cette voie, faisant remonter cette dérive moralisatrice selon lui mortifère à la défense de Dreyfus par la gauche. En quelque sorte, il ressuscite Jules Guesde. Les « dreyfusards », qui ont au contraire sauvé l'honneur de la gauche, étaient, dans la vision de Michéa, les ancêtres des « bourgeois bohèmes » qui l'obsèdent aujourd'hui. Au lieu de chercher à réunir gauche morale (appelons-la comme ça !) et gauche sociale, il préconise l'abandon des « nouvelles minorités ». On verra plus loin que Jean-Luc Mélenchon a tenté la même reconquête mais sur des bases heureusement un peu différentes, quoique non dépourvues d'ambiguïtés.

Avec l'intervention dans le débat public de ces deux intellectuels qui ont inspiré Manuel Valls, nous avons deux volte-face catastrophiques. La tentative de reconquérir les classes populaires sans réelle politique sociale mais en tentant d'exacerber un malaise identitaire a été l'une des composantes du naufrage. L'autre composante, nous allons le voir, c'est le déploiement d'une politique ouvertement antisociale.

Chapitre 6
LE COUP DE GRÂCE À LA SOCIAL-DÉMOCRATIE

L'histoire de la social-démocratie est donc, on l'a vu, jalonnée de petites et de grandes trahisons. Mais elle est demeurée elle-même tant qu'elle a pratiqué un certain réformisme social ou s'est attachée à préserver les acquis. Avec le quinquennat Hollande, de 2012 à 2017, un pas supplémentaire a été franchi. Rarement le manquement à la parole donnée aura été aussi brutal et cynique. On se souvient du candidat François Hollande qui, le 22 janvier 2012, au Bourget, s'enflamme : « Mon véritable adversaire [...], c'est le monde de la finance. » *Politis*, pas complètement dupe, titre : « Un air de gauche... » et commente : « Dépêchons-nous de rêver. » D'autres se sont laissés davantage embarquer dans le mirage des mots. Le démographe Emmanuel Todd parle ainsi du « hollandisme révolutionnaire ».

Mais, dès son installation, Hollande tourne le dos à ses promesses. Il commande à Louis Gallois, ancien grand patron nommé commissaire général à l'Investissement, un rapport préparant le pays au « choc de compétitivité » et fait l'éloge du « socialisme de l'offre ». Un oxymore qu'il décline en quelques points édifiants : le respect de l'orthodoxie budgétaire, le rétablissement des taux de marge des entreprises et la flexibilité de l'emploi. La droite ne tient pas un autre discours. Le président français s'intègre dans le club social-libéral européen de Blair et de Schröder et reprend à son compte la théorie libérale du ruissellement : sauvons d'abord les profits, et l'enrichissement des riches finira par bénéficier aux pauvres.

Mais le péché originel du quinquennat Hollande, le manquement qui heurte l'opinion de gauche, c'est l'affaire du Traité sur la stabilité, la coordination et la gouvernance européenne (TSCG). « Nous allons le renégocier », avait promis le candidat. Mais, aussitôt élu, il fait le voyage de Berlin comme un pécheur va à résipiscence et ratifie tel quel le document qui hérisse la gauche. Il adopte ainsi un tableau de bord de stabilité budgétaire et de réduction des déficits. La tenaille européenne se referme encore un peu plus sur les salariés français. Toute une politique antisociale va en découler : augmentation de la TVA, le plus injuste des impôts, et allègement des cotisations patronales. Au cours d'une conférence de presse de janvier 2014, il va même jusqu'à se réclamer de Jean-Baptiste Say (1767-1832), chantre de la propriété privée et de la libre concurrence, et référent de tous les économistes libéraux français.

Le code du travail foulé aux pieds

Mais c'est surtout la loi El Khomri, du nom de la ministre du Travail, qui dressera syndicats et opinion de gauche contre le gouvernement. Il s'agit d'une remise en cause historique du code du travail, que ses adversaires résumeront d'une formule quelque peu hermétique : « l'inversion de la hiérarchie des normes ». Le code du travail, ratifié en 1910, ne constitue plus un socle intransgressible. Des accords d'entreprise de niveaux socialement inférieurs pourront désormais prévaloir. La hiérarchie du droit social est en effet inversée. Ce que le secrétaire général de la CGT, Philippe Martinez, traduira d'une autre formule: «Cette loi permet à chaque entreprise d'avoir son propre code du travail.» Un gouvernement de gauche foule aux pieds un principe érigé par un siècle de luttes ouvrières. Les manifestations qui s'ensuivent sont sévèrement réprimées.

Virage identitaire

En quelques semaines, une fracture irréversible se creuse entre le Parti socialiste et l'opinion de gauche. La vieille social-démocratie est morte, mais elle ne le sait pas encore. D'autant que s'ajoute à la question sociale un virage identitaire qui heurte toute une tradition de gauche. L'homme de ce virage est Manuel Valls, pourtant laminé aux primaires de la gauche, mais dont François Hollande a fait son Premier ministre dès mars 2014. Valls mène une politique violemment anti-immigrés. Il va jusqu'à critiquer publiquement, et en Allemagne, la chancelière Angela Merkel lorsque celle-ci décide d'accueillir des réfugiés syriens en grand nombre. Il ordonne la traque des migrants à Paris ou à Calais. Et, au lendemain des attentats islamistes de novembre 2015, il est l'artisan d'une proposition qui heurte la philosophie républicaine: la déchéance de la nationalité pour les auteurs de tels crimes, qui pourra être étendue aux binationaux nés français. Valls en aggrave la portée en proposant que la mesure soit étendue à ses concitoyens qui se livreraient à une apologie du terrorisme, concept évidemment extensible. Rencontrant une forte opposition au sein du parti, le projet est finalement retiré. Mais le mal est fait. Valls s'inscrit de plus en plus dans un courant idéologique proche du néoconservatisme américain. Son engagement inconditionnel en faveur du gouvernement israélien, de droite extrême et ultracolonialiste, n'arrange pas une image qui agit comme un repoussoir. Comme pour résumer son œuvre destructrice, Valls, qui était venu dire son amour de l'entreprise devant l'université d'été du Medef, s'est exclamé, non sans cynisme : « La gauche peut mourir, il faut la dépasser. » Un « dépassement » qu'il imagine évidemment par la droite. Il n'aura de cesse de renvoyer sur les députés « frondeurs » la responsabilité de l'échec du quinquennat. Ils n'ont pourtant fait que rappeler le Président à ses engagements. En vain.

Chapitre 7
LES RAVAGES DE L'ABSTRACTION RÉPUBLICAINE

En France, c'est à qui sera le plus républicain. Ne pas l'être, ou vouloir apporter une nuance, c'est atteindre rapidement le point Godwin : ce seuil qui vous met hors jeu et vous exclut de l'humaine société. Toutes les épreuves auxquelles notre pays a été confronté dans un passé récent, que ce soit la crise du Covid-19 ou l'assassinat d'un enseignant par un terroriste tchétchène en octobre 2020, provoquent une poussée de fièvre républicaine. Jugée comme le remède infaillible à tous nos maux, la République est invoquée sans cesse comme une véritable religion profane. Cet absolutisme républicain n'est pas sans poser problème. Il discrédite *a priori* toute voix dissidente ; il interdit l'exploration de tout autre chemin qui pourrait être mieux adapté à notre époque ou emprunté à des modèles étrangers. Le républicanisme est, d'un point de vue psychologique, une forme d'outrecuidance collective qui met finalement la France en péril en prétendant la protéger.

La gauche se déchire autour de ce concept. Les représentants les plus en vue de la vieille gauche républicaniste portent en eux une sérieuse contradiction : ils aiment la République mais détestent la révolution. C'est un peu, pour eux, l'Immaculée Conception. La République aurait surgi *ex nihilo*. Ils ont la passion de principes laissés en héritage, et fixés par la IIIe République, mais ils ont en horreur la subversion et le mouvement populaire qui les ont engendrés. Les grands principes, oui ; les sans-culottes, non ! On laissera évidemment les monuments de l'histoire dans leur vérité d'époque. On ne jugera pas ici les principes républicains pour ce qu'ils sont ou ce qu'ils ont été, mais pour ce qu'on en a fait deux cent trente ans plus tard. Une sorte d'*hocus pocus* égarant l'attention du citoyen pendant qu'une manipulation, le plus souvent antisociale et parfois franchement raciste, s'opère dans son dos.

Le dogme de l'assimilation

En vérité, les principes d'universalisme et d'indivisibilité de la nation conservent leur pouvoir magique et leur esthétique, mais ils nous racontent une histoire qui n'a jamais été conforme à la réalité, et qui l'est de moins en moins. Je pense toujours à la chanson de Boris Vian interprétée par le Guyano-Guadeloupéen Henri Salvador en 1959 : « Nos ancêtres les Gaulois... » L'anachronisme faisait encore « rigoler », comme dit le titre de la chanson. Nous étions en pleine guerre d'Algérie, et pourtant nombreux sont ceux qui n'ont vu là qu'une sympathique bouffonnerie, oubliant que Vian était aussi l'auteur du *Déserteur*. La chanson, en fait, raillait plaisamment cette doctrine de l'assimilation qui régnait sans partage dans cette France encore coloniale, et qui perce toujours aujourd'hui sous bien des discours.

Ce n'est pas tant la République comme idéal que son invocation systématique qui est dévastatrice lorsqu'elle est utilisée comme négation des différences et rappel à l'ordre pour tous ceux qui ne se retrouvent pas dans la même histoire. La France a cette particularité qu'il ne suffit pas d'être français, avec des papiers en règle, pour être pleinement reconnu comme appartenant à la communauté nationale. Il faut aussi faire allégeance à un dogme et répondre à une injonction. Sans cette assimilation culturelle, « l'autre » est condamné à rester dans l'antichambre de la citoyenneté : ni vraiment dedans ni tout à fait dehors, mais toujours suspect. Il est un perpétuel ennemi de l'intérieur, en état de latence. Qu'une association s'avise de dénoncer le racisme ou des violences policières, et elle sera taxée de « communautarisme », qui fut longtemps la stigmatisation suprême, avant que l'on invente pire accusation : le « séparatisme ». Le paradoxe de ce discours excluant est qu'il n'invite pas à la citoyenneté. Il en décourage, au contraire. Surtout lorsque ces associations s'engagent en défense de ceux que l'on appelle maintenant d'un mot controversé : les « racisés ».

Emmanuel Macron lui-même, rallié à ce discours sans doute plus par opportunisme que par conviction, joue de ces concepts en brandissant la menace d'un « séparatisme » qui serait l'enfant naturel d'un antiracisme antirépublicain. Il est piquant de voir que l'on demande aux jeunes issus des peuples qui ont été colonisés au nom du sacro-saint universalisme de se mettre aujourd'hui au garde-à-vous devant un dogme républicain qui a fait le malheur de leurs aïeux et qui sert à leur imposer le silence. Un homme comme l'ex-Premier ministre Manuel Valls (encore lui !) a construit son personnage dans l'exaltation permanente de ces principes aux seules fins d'une guérilla anti-islam qui reste, du moins semble-t-il le croire, un bon investissement politique.

Conservateurs libéraux et antilibéraux peuvent donc communier au pied du totem républicain. Mélenchon use des mêmes référentiels, drapeau tricolore dominant la tribune et *Marseillaise* entonnée en fin de meetings, mais avec cette différence importante qu'il ne s'agit pas pour lui de fuir la question sociale. Le « sans-culottisme » ne fait pas peur au leader des Insoumis. Les symboles qu'il a donnés à son mouvement depuis 2017 n'en sont pas moins parfois ressentis comme excluants par ceux de nos concitoyens qui ne sortent pas tout droit du *Malet et Isaac*[28]. C'est sans doute l'un des problèmes majeurs de la gauche, qui ne parvient pas à s'arracher à cette représentation sacrée de l'histoire de notre pays. Le totem agit comme un signe d'appartenance à une certaine francité. Seuls les écologistes résistent à la pression d'un républicanisme globalisant, mais parfois à leurs dépens.

Le 4 septembre 2020, devant le Panthéon, temple républicain qui pérennise notre passion pour le sacré, Emmanuel Macron prononce un discours solennel à l'occasion du 150e anniversaire de la IIIe République, fondée le 4 septembre 1870, au lendemain de l'abdication de Napoléon III. Ce qui aurait pu être un grand exercice oratoire s'est transformé en opération politique pusillanime, entièrement captive de la conjoncture préélectorale. Le Président profite de l'occasion pour annoncer « un projet de loi de lutte contre les séparatismes » (devenu par la suite « projet de loi confortant la laïcité et les principes républicains »). Un mot de retour dans notre vocabulaire politique depuis que les séparatismes corse, basque voire breton ont cessé d'être d'actualité. Il apparaît comme la nécessité de dramatiser un peu plus la menace « communautariste » et de produire sur l'opinion un effet de peur que le vieux concept, un peu trop usé, ne parvient plus à obtenir, et qui risque

28. Célèbre collection de manuels historiques de la première moitié du XXe siècle, dont les auteurs étaient Albert Malet et Jules Isaac.

surtout de fâcher d'autres communautaristes, comme les membres du Conseil représentatif des institutions juives de France (Crif). En outre, dans un amalgame assez malin, Emmanuel Macron a mêlé dans son discours « les policiers, les gendarmes, les magistrats, les maires, toutes celles et ceux qui luttent contre la violence, contre le racisme et l'antisémitisme », qui « en République [...] jouent un rôle déterminant ». Cela, alors même qu'une nouvelle enquête conduite par un journaliste infiltré dans la police révélait le même jour des faits incontestables et récurrents de violence et de racisme au sein de cette institution[29].

Car la question des violences policières est peu à peu devenue centrale dans le débat public. Elles s'exercent non seulement contre les manifestations sociales, mais aussi contre ceux de nos concitoyens qui se sont définis comme « racisés ». Autrement dit, les victimes des contrôles au faciès. Des contrôles qui parfois tournent mal. Emblématique de cet état de fait, l'affaire Adama Traoré, cet homme de 24 ans mort dans les locaux de la gendarmerie de Persan en juillet 2016, dans laquelle on tarde à établir des faits hélas trop évidents. Plus récemment, le tabassage, filmé par une caméra de vidéosurveillance, du producteur de musique Michel Zecler par trois policiers, le 21 novembre 2020 à Paris – aggravé, selon la victime, d'insultes racistes –, a agi comme un véritable traumatisme dans tout le pays. La liste est longue de ce que l'on appelle, de façon un peu trop facile, des « bavures ».

En inscrivant les maires, élus démocratiquement par leurs concitoyens, dans cette douteuse énumération, Emmanuel Macron couvre la police et la gendarmerie d'un

29. Valentin Gendrot, « Les flics sont censés lutter contre la violence, en pratique, ils en sont souvent un avant-poste », *Le Monde*, 3 septembre 2020.

manteau de vertu démocratique bien grand pour ces institutions. En campagne pour sa réélection en 2022, il donne ainsi de la République une lecture sectaire très différente de celle qu'il avait lui-même proposée en 2016, alors qu'il n'était que candidat à un premier mandat. Il convenait à l'époque que le communautarisme religieux avait « prospéré [...] sur les ruines de nos politiques économiques et sociales ». Et il dénonçait « une conception étriquée et dévoyée de la laïcité » qui résulterait d'une « incompréhension de la France ». C'était bien. Sans doute avait-il encore un lien avec la gauche... et avec ses convictions profondes. Deux ans plus tard, il essentialisait l'islam à mots à peine couverts, et le partisan d'une laïcité ouverte s'était mué en gardien rigide du temple. « Macron, une vision de la République évolutive », titrait sobrement *Le Monde* le 5 septembre 2020.

Dans son discours du 4 septembre 2020, le Président a voulu se faire le narrateur de « notre grand roman national ». Il faut, a-t-il répété, « prendre la République en bloc ». C'est précisément ce qu'il n'a pas fait. Plusieurs chapitres manquent à son roman. Pas une seule fois il n'a prononcé le mot « colonisation ». Comment les héritiers des peuples colonisés pourraient-ils se reconnaître dans ce récit sélectif ? Or c'est précisément parmi ces générations d'héritiers qu'Emmanuel Macron semble voir des « séparatistes ». Le mot laisse perplexe. Car où commence le séparatisme ? Par le port du voile ? La consommation de viande halal ? Mais, surtout, en omettant des pans entiers de l'histoire, les moins glorieux, Emmanuel Macron opère lui-même une « séparation » qui ne peut être vécue que douloureusement. N'est-ce pas la première discrimination que celle qui omet l'histoire propre à certains de nos concitoyens ? Au fil des jours, et au gré d'un événement tragique, le Président et les plus zélés de ses ministres ont précisé une pensée qui, à vrai dire, ne faisait guère de doute. Les séparatistes, ce ne sont pas seulement les « islamistes », mais les musulmans jugés trop visibles dans l'exercice de leur culte. Le sociologue Farhad Khosrokhavar a retourné le concept contre ses utilisateurs. Dans un article de blog du 18 octobre 2020, il note : « Le séparatisme, si l'on veut être juste, est primordialement celui de la société et de l'État vis-à-vis des musulmans, plutôt que celui des musulmans vis-à-vis de l'État et de la société[30]. » C'est le séparatisme social, celui des cités et des ghettos.

Autour de cette même problématique coloniale et mémorielle, une polémique édifiante a éclaté au printemps 2020 autour de la question de notre statuaire historique. Qui mérite d'avoir son buste, voire sa statue équestre, dans les hauts lieux de la nation ? Et qui doit donner son nom à une rue, à une avenue, à une place, ou parfois plus modestement à une impasse ou à un passage ? Un mouvement de contestation est né dans le contexte des mobilisations antiracistes américaines. Aux États-Unis, des statues de grandes figures historiques qui ont organisé ou pratiqué l'esclavage ont été couvertes de peinture ou déboulonnées. En France, le buste de Colbert, auteur du Code noir, et la statue du général Faidherbe, administrateur colonial du Sénégal, ont été au cœur de la polémique. La réprobation politique de cette revendication jugée blasphématoire – le blasphème, en cette matière, n'est pas autorisé ! – est surtout venue de la vieille gauche, qui s'inscrivait dans les pas du président de la République.

30. Farhad Khosrokhavar, « Depuis plus de trente ans la France fait fausse route au sujet de l'islam », blog Mediapart, 18 octobre 2020.

La contre-offensive a été menée significativement au nom de l'universalisme et au moyen d'un raisonnement tautologique que l'on peut résumer ainsi : notre France ne peut avoir de pratiques discriminatoires ni racistes puisqu'elle est républicaine... Juchée sur un indéboulonnable piédestal dressé par les médias, Élisabeth Badinter, l'une des intellectuelles en flèche dans ce combat, ne s'est pas privée de manipuler les concepts. Alors que les anticolonialistes se mobilisent à partir de la dénonciation des violences policières qui frappent en premier lieu les personnes « racisées », la philosophe leur retourne immédiatement l'accusation. Dénoncer les violences policières procède pour elle d'une « essentialisation ». Autrement dit, d'« un racisme systémique » anti-flics. Retour simplet à l'envoyeur. L'emploi du terme « racisé » n'est plus le constat protestataire de la victime, mais devient une revendication « séparatiste ». La philosophe réagit à ce moment-là aux manifestations antiracistes de juin 2020, qui exigent vérité et justice dans l'affaire Adama Traoré. « Pour Adama Traoré, on ne sait pas encore », affirme-t-elle dans un entretien à *L'Express*[31]. On sait pourtant une chose loin d'être anodine : ce jeune homme était bien vivant, ni blessé ni à l'agonie, quand il a été interpellé le 19 juillet 2016 à 17 heures par les gendarmes de Beaumont-sur-Oise pour un contrôle d'identité, et deux heures plus tard il avait perdu la vie. Pour en faire le constat, et demander justice, les manifestants comparaissent devant le tribunal « moral » de Mme Badinter. Leur lexique est passé au crible. Leurs mots ne plaisent pas. Il ne faut pas dire « racisé ». Au nom de l'universalisme, la philosophe reproche aux manifestants de tenir pour « essentielles » les

31. Thomas Mahler et Anne Rosencher, « Élisabeth Badinter : privilège blanc, racisés... "C'est la naissance d'un nouveau racisme" », *L'Express*, 16 juin 2020.

différences de couleur de peau, de culture ou de religion. Alors que beaucoup – et en vérité quiconque de bonne foi – constatent quotidiennement le traitement discriminatoire qui leur est infligé en raison de leur «faciès», ils doivent se soumettre à l'idéologie universaliste: ils ne sont donc ni noirs ni arabes, mais de bons Français qui ne doivent sans doute la répétition des contrôles dont ils font l'objet qu'à un malheureux hasard... Des études conduites en 2009 par les sociologues Fabien Jobard et René Lévy attestent pourtant qu'en région parisienne la probabilité d'être contrôlé par la police est six à huit fois supérieure pour un Noir ou un Maghrébin[32]. Le hasard a bon dos.

Quelques jours après Élisabeth Badinter, la ministre déléguée chargée de la Citoyenneté, Marlène Schiappa, dont l'appartenance à la gauche est contestée mais qui vient de ce côté de la géographie politique, en remet une couche épaisse. On en vient vite à l'essentiel: «l'islam radical». Pour la ministre, «la République fait face à des attaques contre son unité [...], il n'existe que la communauté nationale, indivisible». On lui demande les «remèdes» qu'elle suggère. Elle en cite deux: «l'affirmation du principe de laïcité» et «des opérations de reconquête républicaine de terrain». Elle évoque des descentes de police «porte de La Chapelle», car «la République est partout chez elle», claironne-t-elle[33].

Nous avons là dans toute sa splendeur un exemple du plus mauvais usage que l'on puisse faire des principes républicains, tout juste utiles pour camoufler la situation inhumaine des immigrés entassés sous des tentes dans la

32. Fabien Jobard et René Lévy, «Les contrôles au faciès à Paris», dans «La police et les étrangers (2)», *Plein droit*, n° 82, octobre 2009.
33. Christine Ollivier et Sarah Paillou, «Marlène Schiappa: "Il faut des opérations de reconquête républicaine"», *Le Journal du dimanche*, 12 juillet 2020.

périphérie nord de Paris et des victimes des violences policières. Le remède serait dans l'apprentissage de la laïcité… Cette vaine abstraction n'est pas un égarement de l'esprit, c'est un acte politique qui vise toujours à enfouir la question sociale sous une rhétorique identitaire. Et, dans le cas d'Adama Traoré, il est bien difficile de demander à la famille de ne pas considérer comme « essentiel » ce qui a coûté la vie à leur enfant ou à leur frère. Le principe agit, de surcroît, comme un insupportable déni de réalité.

Cet universalisme est, paradoxalement, d'une singulière étroitesse d'esprit. La France n'a qu'une seule histoire, certes, mais assez complexe pour légitimer plusieurs récits, autant que de points de vue. Le dire ainsi n'est pas céder au relativisme. Ce qu'on a coutume d'appeler « universalisme » n'est qu'une vision, majoritaire sans doute et culturellement dominante, mais qui ne peut plus être exclusive. Colbert ne peut plus être seulement le précurseur de l'industrialisation et le père de l'administration : il est désormais aussi l'auteur du sinistre Code noir, qui généralise l'esclavage et encourage les mutilations des fuyards trop épris de liberté. De même, Jules Ferry et Paul Bert, glorieux fondateurs de l'école laïque, gratuite et obligatoire, sont désormais identifiés pour ce qu'ils ont été aussi : de fieffés colonialistes auteurs de propos racistes que les connaissances de l'époque ne pouvaient déjà plus excuser. Voir ce qu'en disait Clemenceau à l'Assemblée, en réponse à Ferry, le 31 juillet 1885 : « Races supérieures, races inférieures, c'est bientôt dit ! Pour ma part, j'en rabats singulièrement depuis que j'ai vu des savants allemands démontrer scientifiquement que la France devait être vaincue dans la guerre franco-allemande parce que le Français est d'une race inférieure à l'Allemand. »

À vrai dire, une partie de la gauche s'accroche encore plus ou moins bruyamment à cet universalisme qui, comme le dit avec humour la sociologue féministe Christine Delphy, n'est pourtant qu'un «particularisme français». L'enseignement de l'histoire bouge lentement, mais il a longtemps été univoque, lorsque l'ancêtre d'Henri Salvador devait être absolument «gaulois». C'est ce que Suzanne Citron a appelé notre «mythe national[34]». L'historienne dit avoir pris pleinement conscience d'une certaine imposture historiographique avec la guerre d'Algérie. Pour elle, on est passé alors «de la France juste à la République qui torture». Et avec les mêmes principes. Dans un ouvrage collectif auquel Suzanne Citron a contribué, l'historien Marc Deleplace note judicieusement que l'école a adopté un parti pris positiviste et que le récit historique enseigné se caractérise par «l'absence de narrateur» et un système de temps «qui ne s'exprime qu'au passé[35]». L'histoire est ainsi objectivée. Aucune place n'est faite à une autre lecture. C'est cette objectivation insidieuse qui nourrit toujours le discours d'une gauche républicaniste. Et c'est ce qui est devenu insupportable à tous ceux qui, par leur histoire personnelle, revendiquent le droit à une autre lecture. Ils sont exclus du «roman national» – ils en sont séparés.

Plus de trente ans après le livre de Suzanne Citron, la pensée officielle n'a pas évolué. Le républicanisme se refuse à admettre que la France a changé. L'islam est aujourd'hui la deuxième religion du pays. Il est pratiqué avec plus de piété et d'intensité que notre christianisme identitaire. Face à cette réalité, le séparatisme apparaît

34. Suzanne Citron, *Le Mythe national. L'histoire de France en question*, Éditions ouvrières, 1987.
35. Laurence De Cock (dir.), *La Fabrique scolaire de l'histoire*, Agone, 2009.

surtout comme une construction politique aux effets de prophétie auto-réalisatrice. Ses propagateurs creusent un fossé entre deux France à tous égards inégales, socialement et politiquement. Ce discours politique fait de nous, par la peur qu'il inspire, les artisans inconscients de cette fracture idéologique et culturelle potentiellement ravageuse. C'est la vocation de la gauche de combattre ce clivage. Hélas, une grande partie d'elle-même entretient aussi le mythe d'une France uniforme. Le mal vient du plus profond de notre histoire moderne, celle qui s'enracine dans la Révolution. Mais, encore une fois, la Révolution n'est pas responsable du mauvais usage qui en est fait.

Un républicain subtilement différent

Maître de l'ambivalence, Jean-Luc Mélenchon cultive lui aussi, comme nous l'avons vu, cet ethnocentrisme patriotique tout en manifestant dans la rue – ce qui est à son honneur – aux côtés des antiracistes fustigés par Élisabeth Badinter. Il ne manque jamais une occasion d'invoquer les grands principes, comme dans *Le Hareng de Bismarck* : « Les Français n'ont qu'une patrie : la République [...]. Il n'y a pas d'ethnie française[36]. » C'est juste et c'est beau. Mais lorsque, dans le même ouvrage, violemment polémique, il parle non de l'Allemagne politique, mais des Allemands, le républicain se laisse aller à une essentialisation qui s'accorde mal avec l'image qu'il veut donner de lui-même. Il invoque l'Allemagne « arrogante comme jamais [et] rendue aux brutalités ». Après quoi, il affirme qu'une « nouvelle saison cruelle de l'histoire vient de commencer en

36. Jean-Luc Mélenchon, *Le Hareng de Bismarck. (Le poison allemand)*, Plon, 2015.

Europe». Il parle encore de «la face de pierre des dirigeants allemands». L'allusion à l'histoire de la Seconde Guerre mondiale est transparente. Et l'exaltation d'un patriotisme que l'auteur clame avec des accents passionnels le mène parfois tout près d'un nationalisme que pourtant il récuse. À être bruyamment «patriote», on finit par sécréter une sorte d'hostilité à l'autre, celui qui, de même citoyenneté et de même nationalité, n'éprouve pas le même besoin compulsif d'invoquer la patrie. Signe des différends au sein de la gauche sur ce sujet, l'écologiste Cécile Duflot reproche à Mélenchon, dans une lettre ouverte publiée par *Libération*, d'adopter «des accents parfois déroulédiens[37]» dans son *Hareng de Bismarck*.

Finalement, seuls les écologistes et quelques jeunes héritiers repentis de la social-démocratie refusent vraiment une lecture univoque de l'histoire, ainsi qu'une gauche alternative en quête de représentation politique. Mais c'est un lourd handicap dans une France qui a toujours d'elle-même la plus haute idée et qui s'expose à de cruelles déconvenues quand le mythe se fracasse sur la réalité. C'est «l'étrange défaite» de 1940, si bien décrite par Marc Bloch. Et, dans un genre tout de même moins tragique, c'est l'épidémie de Covid-19. Dans ces deux circonstances, la France républicaine se voyait invincible en son miroir. Elle avait les meilleurs chefs et la meilleure armée, les meilleurs médecins et le meilleur système de santé. On a vu ce qui est advenu. Il nous faudrait enfin renoncer à nos lignes Maginot, qui n'ont bloqué ni la Wehrmacht ni les virus – pas plus que les nuages radioactifs.

37. Cécile Duflot, «L'Allemagne n'est pas notre ennemie», *Libération*, 19 mai 2015.

Pour en revenir à Mélenchon, il faut reconnaître que c'est tout de même sous sa plume que l'on trouve la plus subtile défense de la République, et la plus efficace. Dans une tribune parue dans *Politis* en mars 2002, il distingue « sa » République de celle de Jean-Pierre Chevènement. Il observe que, pour ce dernier, le lien entre souveraineté nationale et république est « mécaniquement établi par le cadre historico-géographique [qui] fonde l'identité nationale française ». Mélenchon y voit, à raison, la pente glissante d'un ethnicisme qui conduit à la nation identitaire d'un « peuple élu ». Et « l'obsession névrotique » conduisant au refus « de tout ce qui, à l'intérieur du groupe, [produirait] de la divergence menaçant le lien originel ». Ce qu'il appelle « la France dans un seul pays ». On ne pourrait donc être républicain que français. À l'opposé, sa République à lui, Mélenchon, se veut dynamique, arrimée à aucune histoire spécifique ni à aucune géographie. Elle doit être une ambition légitime pour tous. Il n'y a pas de transcendance du fait national.

En fait, la France, et singulièrement la gauche, souffre toujours de l'orgueilleuse affirmation de Robespierre dans son rapport du 18 floréal an II : « Le peuple français semble avoir devancé de deux mille ans le reste de l'espèce humaine. » Mais Robespierre n'essentialise pas, comme on dirait aujourd'hui. Il n'interdit pas aux autres peuples de reprendre les principes de notre Révolution. Il est plutôt mélenchonien que chevènementiste... Trop nombreux hélas sont nos contemporains qui pensent que nous avons encore quelques siècles d'avance. Ce qui n'est bon ni pour nos relations avec les autres peuples ni pour notre santé psychique.

L'universalisme a été l'alibi de l'impérialisme français et de toutes ses entreprises coloniales. En période postcoloniale, il sévit jusqu'au sein de notre société pour nier et combattre les cultures exogènes naturellement nombreuses sur notre sol. Ou pour nier le droit des héritiers des peuples colonisés à revendiquer leur propre généalogie.

Au fond, on peut rêver qu'un jour le mythe devienne réalité parce qu'il n'existera plus chez nous de ghettos, que l'égalité sociale régnera et que les discriminations raciales auront disparu. Ce n'est pas demain la veille. La politique de justice sociale qui pourrait y conduire n'est pas à l'ordre du jour sous la conduite de la droite. C'est pourquoi je crois plus juste, si l'on tient absolument à être républicain, de parler aujourd'hui de «promesse républicaine» que d'une République établie, riche de toutes les vertus sociales et démocratiques qu'on lui accorde au mépris de toute réalité. Après avoir cité Élisabeth Badinter, c'est facétieusement à son époux, Robert Badinter, l'homme qui a aboli la peine de mort, que l'on empruntera la formule qui résume le mieux la contradiction française: «La France n'est pas le pays des droits de l'homme, elle est le pays de la Déclaration des droits de l'homme.» Ces mots devraient nous inviter à la modestie. On ne saurait mieux dire car, comme le souligne excellemment l'historien Olivier Le Cour Grandmaison, «la République française n'a jamais vraiment été universelle[38]». Et surtout pas celle qui a revendiqué le plus bruyamment ce principe, la IIIe République, qui a réduit les colonisés au rang de sujets, les privant de libertés et de droits élémentaires et les traitant en êtres inférieurs dans un code de l'indigénat.

38. Olivier Le Cour Grandmaison, entretien vidéo accordé au comité Justice & Libertés pour tous, 5 juillet 2020.

Chapitre 8
CES MOTS QUI NOUS GOUVERNENT ENCORE

L'autre grand principe, jumeau de l'universalisme, qui mérite d'être revisité, c'est l'indivisibilité républicaine. Il est en quelque sorte la version domestique de l'universalisme. Même goût du sacré, même passion pour les philosophies globalisantes. Là aussi, c'est une belle et grande idée qui fonde en théorie l'égalité républicaine. Mais cette autre abstraction est le socle d'un centralisme et d'un autoritarisme d'un autre âge. Elle nous encombre dans la réalité politique du XXIe siècle. L'idée pourtant ne manque pas de beauté. Dès l'ouverture de la Convention, le 25 septembre 1792, Danton prononça les mots qui nous gouvernent encore : « La République française est une et indivisible. » Une proclamation absolue, totale, à la fois géographique, philosophique et politique, mais qu'il faut rendre à son contexte pour ne pas en faire un dogme.

« "Une France, un peuple", analyse l'historien Maurice Agulhon, ce qui impliquait à la fois la suppression des ordres privilégiés qu'étaient le clergé et la noblesse, et la suppression des statuts particuliers des provinces et autres entités territoriales historiques assimilées aussi à des privilèges[39]. » La République indivisible de Danton, c'est d'abord, dans son contexte, un grand principe d'égalité

39. *L'Histoire*, mai 1992.

sociale. Mais l'histoire ne voyage pas bien quand on la fige. Pour être indiscutable, le superbe principe fondateur n'en est pas moins devenu rapidement problématique après avoir rempli sa mission révolutionnaire contre le système féodal. Il justifiera par exemple le rejet des corps intermédiaires. C'est en son nom que la République jacobine se refusera à abroger la loi Le Chapelier, qui interdisait les jurandes et les coalitions, et entravera les associations ouvrières.

Un centralisme forcené

Querelle du passé ? Évidemment non. Les inconvénients de l'indivisibilité, associée au centralisme, auront été perceptibles jusque pendant la grande crise du Covid-19, à partir du printemps 2020. Il fallait absolument que tout le monde fût soumis à la même règle, quand bien même les situations n'étaient pas comparables. Même Saint-Pierre-et-Miquelon, vestige colonial de l'Atlantique nord, a été soumis au confinement alors qu'il n'y avait qu'un seul malade, tout juste débarqué de métropole. Quand la République vire au ridicule... En pleine crise sanitaire, l'épidémiologiste William Dab s'attaque à cette rigidité républicaine. Après avoir fait l'éloge de la décentralisation allemande, qui rapproche les preneurs de décision du terrain, il note : « En France, il n'y a eu aucune concertation avec les présidents de région et de département. C'est : l'État donne des ordres, obéissez [40] ! » Il faudra plusieurs mois pour que le gouvernement se fasse violence en incluant les élus locaux dans le processus de prise de

40. Anne-Laure Barret, « Coronavirus : "Notre stratégie n'est toujours pas clairement définie", estime l'épidémiologiste William Dab », *Le Journal du dimanche*, 13 septembre 2020.

décision. Et encore ! Avec tant de réticences. Ainsi, la décision drastique de fermer bars et restaurants à Marseille et en Guadeloupe au mois de septembre 2020 a été prise sans l'ombre d'une concertation.

Il faudra aussi plusieurs mois pour que l'État jacobin différencie les situations régionales en inventant ses zones d'alerte : « renforcée » ou « maximale ». Mais cette timide amorce de décentralisation, c'est-à-dire de simple adaptation aux réalités, est encore marquée par le centralisme et l'autoritarisme. Sans compter que certains élus de gauche, comme la socialiste Samia Ghali, crient immédiatement à la « stigmatisation » de Marseille par Paris, comme s'il leur était décidément impossible de se défaire de « la France une et indivisible ». Le ridicule de leur assertion apparaîtra comme une cruelle évidence lorsque, quelques jours plus tard, Paris sera placé à la même enseigne. Tout simplement parce que les chiffres de contamination et d'hospitalisation de la capitale ont rejoint les statistiques marseillaises.

De ce centralisme forcené, on trouve aussi trace en permanence dans notre pratique politique : le mépris pour les syndicats et pour l'opposition parlementaire affiché par Manuel Valls puis par Emmanuel Macron. Là encore, ce n'est pas l'histoire qui est coupable, mais sa transposition et, disons-le, sa manipulation. Danton avait quelques bonnes raisons de défendre l'indivisibilité de la République. La Révolution était une guerre implacable et l'adversaire girondin n'était pas le grand démocrate fédéraliste que les antijacobins d'aujourd'hui veulent voir. La résistance de la province fut d'une grande violence. Se souvient-on des mots terribles du député du Var, Maximin Isnard, fédéraliste et conservateur, menaçant Paris d'anéantissement : « Bientôt on chercherait sur les rives de la Seine si Paris a existé[41] » ? Mais que reste-t-il de cette haine réciproque entre Paris et provinces (ou « régions », comme on préfère dire aujourd'hui), si ce n'est lorsqu'elle est excitée par les supporters de football et les virologues marseillais ?

Le dogme de l'indivisibilité ne fait pas seulement obstacle à la décentralisation administrative, c'est aussi une profession de foi qui procède d'une philosophie qui regarde avec méfiance – et c'est une litote – tout contre-pouvoir organisé. La République « une et indivisible » ne connaît aucun groupement ni évidemment aucune communauté. Elle ne connaît que des individus qui fusionnent dans une même entité politique et n'entretiennent de rapports qu'avec un pouvoir élu – en vérité un exécutif réduit à sa plus simple expression. La nation et ses représentants ne font qu'un. La République, à l'inverse de la démocratie, n'est pas le gouvernement du plus grand nombre. Elle est le gouvernement de tous. Autrement dit, elle ne reconnaît pas les minorités. L'idée est esthétiquement fascinante, mais peu en phase avec une réalité qui ne cesse de se complexifier. L'affirmation de ce principe centraliste est aujourd'hui à la fois hypocrite et hystérisante pour une société française de plus en plus composite dans ses origines et ses cultures, et dont l'éducation à la démocratie a malgré tout progressé. La hantise du communautarisme puise frauduleusement dans l'épopée révolutionnaire, mais dépouillée de tout contexte.

On peut avoir de la communauté une autre vision. Celle d'un ultime refuge social pour ceux à qui la République ne garantit pas l'ordinaire. Dès la IIIe République, le principe a subi, par la force des choses, de profondes entailles.

41. Maximin Isnard, « Déclaration à une délégation de la Commune de Paris », 25 mai 1793, cité dans Denis Sieffert, *Comment être (vraiment) républicain ?*, La Découverte, 2005.

Ne serait-ce qu'avec la naissance du mouvement ouvrier et de ses syndicats et mutuelles. Puis avec la loi de 1901 sur les associations. Mais cela n'empêche pas la vieille gauche de hurler au communautarisme, en un réflexe pavlovien, chaque fois qu'un regroupement revendicatif s'opère sur des bases ethniques. Avant d'être le lieu de tous les complots contre la République, la communauté est celui de la solidarité. Dans les années 1990, des Maliens de Montreuil (Seine-Saint-Denis) sont entrés en conflit avec la municipalité, qui voulait leur faire quitter leur foyer pour des habitats plus salubres. Plus salubres mais dispersés, alors que le foyer, en offrant les avantages d'une vie collective, leur permettait d'assurer la subsistance des plus nécessiteux. Un exemple parmi cent, quand la communauté protège ceux que la République abandonne.

En politique, l'abstraction peut vite devenir un fléau. C'est en tout cas un anachronisme. La passion républicaine de l'abstraction est étroitement liée au passage du monarchique et du religieux au sacré. C'est fort bien dit dans *La Démocratie en France*, l'ouvrage dirigé par Marc Sadoun : « Le 11 août 1792, au lendemain des destructions des statues des rois par le peuple parisien, l'Assemblée ordonna de remplacer les monuments du despotisme par ceux en l'honneur de la Liberté[42]. » Les auteurs notent très justement que, pour se désapproprier des corps et des fastes monarchiques, « il a fallu reconstituer une représentation du pouvoir qui [...] s'identifierait uniquement à la nation ». « C'est, concluent-ils, le sens de l'abstraction républicaine. [...] Un modèle de citoyenneté exempt de toute incarnation. » Mais la réalité incarnée heurte violemment les grands principes. Qui oserait ne pas adhérer à la proclamation

42. Marc Sadoun (dir.), *La Démocratie en France*, t. 2, *Limites*, Gallimard, 2000.

du 22 septembre 1792 définissant la République comme « gouvernement où tout le monde est libre, où personne n'est maître » et où le citoyen « ne voit que des égaux dans ses semblables » ? Mais le citoyen qui croit voir cette égalité au XXIe siècle est atteint d'une incurable cécité.

Les critiques de Marx et de Foucault

En fait, la France a le plus grand mal à sortir de ce que Pierre Rosanvallon a appelé « l'âge de l'abstraction[43] ». Dans l'esprit du sociologue, il s'agissait de la IIIe République. Mais, un siècle et demi plus tard, nous en sommes toujours prisonniers. Le débat n'est pas philosophique, mais économique et social. Cette abstraction a pourtant beaucoup été attaquée, et le plus souvent à juste titre. Le premier à donner l'assaut est évidemment Karl Marx. Albert Camus dira que l'auteur du *Capital* a « achevé d'expulser la transcendance ». « Les Jacobins détruisent la tendance d'un dieu personnel, dit Camus, mais la remplacent par la transcendance des principes. Marx fonde l'athéisme contemporain en détruisant aussi la transcendance des principes[44]. » Camus note que Marx « précipite » la Raison dans l'histoire. Et c'est un fait que Marx ramène les grands principes au réel. Il n'aime pas les majuscules. Pour lui, « l'Homme avec un grand H » n'existe pas. Il présuppose « un individu abstrait », socialement indéterminé. Il ne connaît que « les » hommes inscrits dans l'histoire réelle. Pour Marx, « on a substitué l'Homme

43. Pierre Rosanvallon, *Le Peuple introuvable. Histoire de la représentation démocratique en France*, Gallimard, 2002.
44. Albert Camus, *L'Homme révolté*, Gallimard, 1951. Je ne peux citer Camus sans ajouter qu'il propose parfois une analyse très simpliste du matérialisme dialectique. Pire, il fait de Marx un niais partisan de la politique du pire, ce qui lui ferait refuser toute amélioration de la condition ouvrière pour ne pas affaiblir l'esprit révolutionnaire.

aux individus existants». Ce qui lui fait dire que «l'Homme [avec sa majuscule, NDA], en dernière instance, est religieux». Ce n'est donc pas l'essence de la religion qui est contestée par la Révolution, mais l'ordre social féodal qui l'accompagne et qu'elle prétend justifier.

La critique de Marx porte sur un autre aspect, tout à fait essentiel. La Révolution, celle des Jacobins de 1793, prétend enraciner la propriété. Elle en fait un droit naturel, le second après la liberté. Elle est l'héritière de John Locke, chantre de la propriété en tant que droit naturel et de «l'homme, grand fondement de la propriété». C'est ici que naît une confusion appelée à un bel avenir entre liberté et libéralisme. La liberté justifie la libre concurrence (déjà!). Une liberté sélective qui autorise et encourage l'entreprise et le commerce, mais interdit les associations. En cela, elle est, du point de vue marxiste, une révolution bourgeoise. Ce n'est jamais chez Marx une question morale, mais la simple vérification de sa conception matérialiste de l'histoire. La révolution ne peut aller au-delà de ce que permet l'état des forces productives à un moment donné. La preuve par Gracchus Babeuf, ce Jacobin critique qui a voulu héroïquement forcer l'histoire. En prétendant passer de l'égalité proclamée, celle des Jacobins, à une «parfaite égalité», c'est-à-dire réelle, il tente de conduire la Révolution au-delà de ce qu'elle pouvait donner. C'est la tentative exaltante dite de la «Conjuration des égaux»: «La terre n'est à personne [...], les fruits sont à tout le monde[45].» Une percée communiste dans une époque bourgeoise. Babeuf périra sous la guillotine du Directoire d'avoir voulu devancer l'histoire.

L'égalitarisme de façade à laquelle prétend l'abstraction des grands principes révolutionnaires dissimule d'autres

45. Gracchus Babeuf, «Manifeste des égaux», 1796.

inégalités réelles dont sont victimes les femmes, qui attendront un siècle et demi avant d'obtenir le droit de vote et qui, aujourd'hui encore, attendent toujours l'égalité salariale. La philosophe Stéphanie Roza, pourtant ardente avocate des Lumières, parle d'« hypocrisie révolutionnaire » à propos du sort réservé aux femmes[46]. Mais elle se plaît à souligner que, si les principes des Lumières – progrès et droits de l'homme – ont beaucoup servi à justifier la colonisation et à ignorer la condition féminine, ils ont aussi été retournés par les peuples colonisés pour s'émanciper. Elle cite le discours prononcé le 2 septembre 1945 par Hô Chi Minh : « Tous les hommes naissent et demeurent libres et égaux en droit », affirme le chef du Viêt-Minh en citant la Déclaration des droits de l'homme et du citoyen de 1789. Mais il ajoute ceci : « Ce sont là des vérités indéniables. Et pourtant, pendant plus de quatre-vingts années, les colonialistes français, abusant du drapeau de la liberté, de l'égalité et de la fraternité, ont violé notre terre et opprimé nos compatriotes[47]. » Hô Chi Minh, en marxiste qu'il prétendait être, n'ignorait pas le caractère abstrait des principes de la Révolution et l'usage qu'il pouvait en faire contre la nation qui les avait imaginés.

Cent cinquante ans plus tôt, c'est au nom des mêmes idéaux de la Révolution française que les esclaves d'Haïti emmenés par Toussaint Louverture se sont soulevés. Mais cet habile retournement rhétorique ne peut servir à établir une symétrie avec deux siècles de crimes coloniaux.

Cette abstraction, Michel Foucault l'appelle « surplomb ». Il s'en prend à cette révolution qui, « depuis deux siècles […], a surplombé l'histoire, organisé notre

46. Stéphanie Roza, *La Gauche contre les Lumières*, Fayard, 2020.
47. *Ibid.*

perception du temps, polarisé les espoirs». Il s'élève contre la prétention totalisante de la révolution et de sa représentation dans le discours du XXe siècle. Il lui reproche d'avoir donné l'illusion que l'on pouvait maîtriser le soulèvement «à l'intérieur d'une histoire rationnelle». Il rejoint Marx quand il critique «la forme vide d'une révolution universelle». Lui aussi critique la Révolution majuscule, tout aussi mythique et devenue abstraite à force de recyclage perpétuel dans l'imaginaire collectif. Il introduit aussi une idée ô combien utile à notre temps: il nous met en garde contre le mythe de la répétition de l'histoire. Il ne croit pas au «bégaiement», pour reprendre le mot de Paul Valéry[48]. Mais Foucault nous entraîne aussi là où on ne veut pas le suivre, dans une critique globale de la Révolution, des Lumières et, pour finir, de la raison.

Le cas Furet

Une autre critique qui a eu sa part de succès est celle de l'historien François Furet. Elle s'inscrit dans un registre franchement réactionnaire, imprégné du néolibéralisme ambiant des années 1980. Celles de Thatcher et de Reagan, et bientôt du second Mitterrand (1988-1995). Furet adresse à la Révolution le reproche paradoxal… d'avoir rompu avec le passé. Il le dit crûment: «Le caractère de la Révolution française est donc d'arracher la France à son passé, condamné d'une seule pièce, et de l'identifier à un principe nouveau, sans pouvoir jamais enraciner ce principe dans des institutions[49].» La Révolution, dit-il, a rompu avec la religion et avec l'histoire sans parvenir à créer un ordre qui

48. Michel Foucault, *Dits et écrits II*, Gallimard, «Quarto», 2001.
49. François Furet, *La Révolution en débat*, Gallimard, «Folio», 1999.

lui corresponde. Il lui oppose les révolutions anglaise et américaine, qui, elles, ont su garder la religion, et même, pour la première, préserver la monarchie.

Ce qui ne va pas dans la Révolution française, c'est en somme sa radicalité. Incapable de fonder des institutions, elle n'aurait légué que le chaos, que seule la IIIe République, un siècle plus tard, parviendra à arrêter. Tout cela est paradoxal. Qu'une révolution rompe avec le passé, charrie sa part de désordre et de chaos n'est guère étonnant, à moins que l'on ait en horreur l'idée même de révolution. Enfin, la Révolution, me semble-t-il, a beaucoup « institué ». D'abord des principes administratifs et juridiques, puis une idée des droits humains et une tradition constitutionnaliste. Elle a institué l'idée d'une souveraineté du peuple. À ces principes, on peut reprocher leur fixité et leur abstraction : c'est ce que fait Marx. Mais c'est l'affaire de notre époque, point des révolutionnaires de 1789 ou de 1793. Furet a relu la Révolution avec les yeux du communiste repenti qu'il était, rageusement hostile à la révolution russe. Au nom de la lutte contre le totalitarisme, qui s'origine, selon lui, dans le jacobinisme, ancêtre du bolchevisme. L'un de ses disciples, Laurent Dingli, ira jusqu'à qualifier Robespierre de « premier taliban[50] ». Quand les historiens cèdent à l'anachronisme, ils ne le font pas à moitié...

La question de la France « une et indivisible », qui porte en elle celle de l'État jacobin, est un point de clivage important entre deux gauches, celle de Jean-Luc Mélenchon et celle d'Europe Écologie-Les Verts. C'est même sans doute la principale divergence, dont résultent toutes les autres.

50. Laurent Dingli, « Un taliban avant l'heure », dans « Révolution(s) », *Politis*, hors-série n° 65, décembre 2016-janvier 2017.

Chapitre 9
LA LAÏCITÉ MANIPULÉE

De toutes les « questions qui fâchent », voici sans doute la plus destructrice et la plus douloureuse : la laïcité. Imaginée et créée pour pacifier les rapports sociaux, elle est devenue en quelques années un sujet de discorde majeur au cœur de notre société, et singulièrement au sein de la gauche. Tout est prétexte pour relancer une querelle d'interprétation qui n'est pas sans rappeler le dessin fameux de Caran d'Ache représentant un dîner de famille qui tourne au pugilat à propos de l'affaire Dreyfus et légendé « Ils en ont parlé ». Pourquoi cette question divise-t-elle tant la gauche ?

Bien sûr parce que la laïcité est une construction philosophique de la gauche, qu'elle est son patrimoine et son drapeau, et que chacun oppose à l'autre une définition exclusive. Mais aussi parce que c'est la question de l'acceptabilité de l'islam qui s'est trouvée posée. Pour le dire vite, une partie de la gauche socialiste s'est crue investie de la mission de sauver avant tout sa conception de la laïcité, tandis qu'une autre gauche croyait surtout urgent de protéger les musulmans d'un racisme d'autant plus virulent que les plaies de la guerre d'Algérie étaient encore béantes. Puis la droite s'est emparée d'un concept qu'elle avait pourtant longtemps combattu. En manipulant la laïcité devenue une arme contre l'islam, elle sait pouvoir rallier des franges de la population parmi les plus conservatrices. Depuis trente ans, la laïcité est surtout devenue un instrument de politique intérieure.

Jean-Michel Blanquer et les valeurs républicaines

On n'en saurait trouver meilleure preuve que ce conclave réuni au cœur de l'été 2020 par le ministre de l'Éducation nationale, Jean-Michel Blanquer. Le journal libéral *L'Opinion* rapporte qu'une cinquantaine d'invités ont répondu à l'appel discret du ministre pour échanger sur ce thème : « L'école, socle des valeurs de la République ». Une réunion informelle mais qui marque la volonté de Jean-Michel Blanquer de renforcer son image et son action dans la lutte contre « la fragmentation » du corps social, dans les mois suivants mais aussi « dans la perspective de la campagne présidentielle de 2022 », raconte le quotidien. Tout est dit : renforcer l'image d'un ministre ambitieux dans la perspective de 2022 passe de nos jours par une question laïque reformulée en dogme identitaire. Lutter contre la « fragmentation sociale » ne passe pas par des mesures de justice et d'égalité, mais par l'exaltation de « valeurs républicaines » et de « laïcité » devenues souvent le nom de code d'une islamophobie rampante. On va donc ressortir la question du voile. Il s'agit, nous dit *L'Opinion*, d'une « opération reconquête ». Terrible aveu !

L'objet du « conclave » semble être surtout l'ambition politique d'un ministre, la laïcité ne constituant qu'un marqueur utile à fédérer un groupe idéologiquement homogène convaincu qu'il n'y a pas de meilleur instrument pour circonvenir une large opinion publique. Il y a là des parlementaires comme Aurore Berger et Francis

Chouat, l'incontournable essayiste Caroline Fourest, le philosophe Abdennour Bidar, la députée européenne Ilana Cicurel, chargée de l'éducation à La République en marche, des disciples de Jean-Pierre Chevènement, des anciens de l'entourage de Manuel Valls comme d'anciens membres de cabinets de droite, tous réunis autour d'un corpus idéologique cohérent. Les adversaires désignés sont « les communautaristes », les « séparatistes » *(sic)* et « autres tenants d'une ligne essentialiste ». Un proche du ministre parle de « mouvements centrifuges [qui] se multiplient » après les affaires Floyd (du nom de cet Afro-Américain mort étouffé par un policier en mai 2020, à Minneapolis) et Traoré, et les discours sur « l'État raciste » et ses victimes « discriminées » qui gagnent du terrain « parmi les enseignants et les élèves, surtout en Seine-Saint-Denis[51] ».

Pour cet aréopage, il serait donc moins question de violences policières et de discriminations que d'inculture laïque. On voit ici que la laïcité n'est plus la séparation des Églises et de l'État, mais qu'elle est devenue, de façon subliminale, un instrument d'exclusion, à l'opposé de sa philosophie originelle. Ses tenants les plus farouches jouent d'une équivoque qui leur permet toutes les esquives et les dénégations. On retrouve d'ailleurs ici le discours asocial d'Élisabeth Badinter et de Marlène Schiappa.

Jean-Michel Blanquer bataille avec une ombre. Car il n'est pas question ici de folie djihadiste ni de terrorisme à l'arme blanche, mais de voile et de visibilité musulmane. On baigne en plein amalgame. La laïcité est pourtant le concept le plus sage et le plus simple qui soit, puisqu'il

51. Marie-Amélie Lombard-Latune, « Laïcité : Jean-Michel Blanquer monte au front républicain », *L'Opinion*, 19 juillet 2020.

commande de distinguer les sphères privée et publique. Il est celui qui assure la paix civile par le respect des convictions de chacun, pour autant qu'elles ne nuisent pas à autrui ni ne blessent les consciences.

Mais la simplicité de la définition n'est que d'apparence. Où commence en effet la nuisance éprouvée par chacun? On se souvient que Jacques Chirac déplorait « le bruit et l'odeur » dans les HLM de la Goutte d'Or, un quartier populaire de Paris... La tolérance à l'autre est variable à l'infini. Parfois sa seule présence, parce qu'il est différent ou supposé tel, ou parce qu'il appartient à un autre groupe, est jugée insupportable. La définition extensible de ce qui est vécu comme une atteinte à nos convictions et à notre conscience ouvre un champ illimité de confrontations. Et la laïcité, qui se voulait objective, rigoureuse, devient le sujet de querelles sans fin. On le voit de façon consternante quand elle est invoquée pour justifier l'exclusion de mères et de grands-mères musulmanes empêchées d'accompagner des enfants dans des sorties scolaires, au prétexte qu'elles sont voilées. Ou lorsqu'un élu du Rassemblement national exige – fort heureusement en vain – l'expulsion de l'assemblée régionale de Bourgogne-Franche-Comté d'une femme musulmane accompagnée de son fils, au prétexte qu'elle porte le voile. La seule vue d'un foulard sur la tête d'une femme devient pour celui-là intolérable. Assez pour qu'il s'autorise à humilier une mère et son enfant en invoquant la laïcité. On est bien obligé de voir là le recyclage de ce racisme qui a justifié et alimenté le colonialisme. La guerre d'indépendance algérienne n'est pas terminée pour tout le monde. Les cérémonies de dévoilement menées en place publique dans l'Algérie coloniale n'en finissent pas de se répéter, le plus souvent symboliquement, par le verbe et l'humiliation, parfois administrativement par l'interdit, ou par des agressions physiques de la part d'individus qui s'y sentent autorisés par un climat politique propice.

Les enseignements de l'histoire

Pourtant, l'histoire de la laïcité devrait plutôt avoir d'apaisantes vertus pédagogiques. C'est davantage une histoire de compromis que de dogmes en bataille. La fameuse loi de «séparation» de décembre 1905, préparée dans un climat de conflit avec le pape Pie X, sera finalement une loi pacifiée qui ne fait qu'affirmer en son article 1er que «la République assure la liberté de conscience» et «garantit le libre exercice des cultes». Certes, elle «ne reconnaît, ne salarie, ni ne subventionne aucun culte», mais elle inscrit au budget de l'État des dépenses d'aumônerie et d'exercice des cultes dans les établissements publics. L'exercice des cultes dans les lycées et collèges! *Vade retro Satana*, doivent penser les durs de la laïcité d'hier et d'aujourd'hui.

Jaurès, icône indiscutable de la gauche française, n'a pas été pour rien dans le triomphe de cet esprit de compromis. Ce qui lui a valu les railleries de Clemenceau, l'ancêtre des laïcards, qui le qualifiait de «laïque en peau de lapin» et préconisait l'invention d'un «délit de messe». La laïcité, la vraie, doit demeurer un principe social, et non l'instrument d'un discours culturel et sociétal que les pouvoirs ressortent chaque fois qu'ils veulent détourner l'opinion de la question sociale ou stigmatiser les victimes du racisme plutôt que de combattre le racisme.

L'histoire de la laïcité est aussi instructive pour une autre raison, moins connue, et qui devrait dégriser les idolâtres d'une République intrinsèquement vertueuse. Car la première qui en a énoncé le principe n'a pas bonne presse à gauche. C'est la République thermidorienne (1794-1799), la grande traîtresse, née dans le sang des Jacobins, qui décide, dès septembre 1794, que « l'État ne paiera plus les frais ni les salaires d'aucun culte ». C'est elle qui, en février 1795, proclame la séparation de l'Église et de l'État. Ce qui n'empêche pas Thermidor d'être une république réactionnaire qui ruine l'assignat et provoque la disette. Elle est archéolibérale comme la nôtre est néolibérale. La contradiction apparente met en évidence le fait que la République est ce que les sociologues appellent un concept flottant. La contre-révolution sanglante de juin 1848 puis l'écrasement de la Commune au printemps 1871 confirmeront tragiquement que le concept n'est pas intrinsèquement porteur de vertus de gauche. Pas de quoi, en tout cas, en faire le graal de toute politique ni le « logiciel » apte à résoudre tous les problèmes du XXIe siècle. N'est-il pas remarquable d'ailleurs qu'il lui faille une épithète – « sociale » ou « libérale » – pour en préciser le sens ? L'histoire vraie de la laïcité est aussi éclairante de ce point de vue.

Deux laïcités

Le dogmatisme républicain trouve sur la question laïque à s'alimenter dans une actualité souvent tragique qui radicalise les positions. Tout se mêle et s'entrechoque ici : la question identitaire, le rapport à l'islam, la redéfinition de la liberté et du libre arbitre. La laïcité est devenue le masque de tous les soupçons. Les partisans d'une laïcité ouverte soupçonnent, souvent hélas à juste titre, une islamophobie rampante derrière le principe érigé en dogme.

Un racisme qui ne dit pas son nom. Ils aperçoivent aussi une population obsédée par la préservation d'une identité française, blanche, athée pour les uns ou catholique pour les autres. Une francité qui s'invente une généalogie imaginaire pour justifier sa peur des lendemains. Sans parler de l'activisme d'un lobby pro-israélien qui croit rallier à sa cause en mobilisant l'opinion française contre l'islam, et plus généralement contre le monde arabe.

Si le conflit israélo-palestinien est réécrit en guerre de l'islam contre l'Occident judéo-chrétien, la colonisation des terres palestiniennes n'est plus un acte colonial. On voit ainsi des personnages comme Frédéric Encel ou Pierre-André Taguieff particulièrement actifs dans ces débats. Enfin, paradoxe de cette laïcité radicale, se trouvent mêlés à leur insu des libertaires outragés par l'idée que l'on puisse attenter un instant à une liberté – de blasphémer, de caricaturer... – qui s'apparente pour eux à un pur libre arbitre absolu (je fais ce que je veux) et une extrême droite hantée par l'idée du « grand remplacement ». Le soupçon d'islamophobie est très souvent confirmé. Pas toujours. Il faut laisser un peu de place à des laïques simplement « hors sol » qui défendent avec rigidité un principe immuable, sans considération des bouleversements intervenus dans notre société, et notamment la plus forte présence d'une religion, l'islam, longtemps minoritaire et invisible. Donnons au moins droit à ces laïques de leur honnêteté toute philosophique.

Les partisans d'une laïcité ouverte, pour leur part, se voient fréquemment accusés d'être les complices des islamistes. Des « islamo-gauchistes », « idiots utiles » des terroristes, ou faibles avec un islam partisan de la charia, c'est-à-dire du primat de la loi divine. Une régression idéologique qui nous ramènerait à l'Ancien Régime.

Le débat entre les deux laïcités a rebondi en France en 1989, lorsque des adolescentes se sont présentées voilées dans un collège de Creil. Mais il a pris un tour d'une extrême violence à partir de 1995 avec la vague d'attentats commis par un jeune homme de Vénissieux, Khaled Kelkal, incarcéré pour des faits de délinquance et radicalisé en prison. Nous sommes alors pendant la guerre civile algérienne, qui s'exporte sur le sol français. Mais nous sommes surtout au cœur d'une société française qui a délaissé une partie de sa jeunesse. Le traumatisme mondial provoqué par les attentats du 11 septembre 2001, puis, en France, les attentats contre la rédaction de *Charlie Hebdo*, à la suite de la publication de caricatures mettant en scène le prophète Mahomet, et l'Hyper Cacher en janvier 2015, et enfin ceux du Bataclan et des cafés parisiens en novembre de la même année a rendu pratiquement inaudibles les partisans d'une laïcité ouverte. Le moindre de leur propos fait immédiatement l'objet d'une sorte de lynchage médiatique. Généralement au nom de la « liberté d'expression »... Leur complicité n'est plus seulement abstraite : on les accuse d'avoir, par leur « faiblesse », créé les conditions des attentats. Ce sont leurs mots qui, en dernière analyse, ont fait couler le sang d'innocents... Le paroxysme de cette campagne est atteint avec le slogan « Je suis Charlie », imposé à toute une société comme le marqueur de deux France littéralement irréconciliables.

Le démographe Emmanuel Todd a très bien décrit le climat qui règne alors dans le pays. Il parle d'un « accès d'hystérie » et d'un « grand moment de nationalisme[52] ». Le « caractère admirable du peuple français » est loué à la suite

52. Emmanuel Todd, *Qui est Charlie ? Sociologie d'une crise religieuse*, Le Seuil, 2015.

de la grande manifestation du 15 janvier, à laquelle sont associés de nombreux chefs d'État, dont quelques-uns très peu recommandables. On ovationne les CRS, et le slogan « Je suis Charlie » s'affiche sur tous les écrans et dans les rues. Todd note que l'on interviewe des enfants de 7 ou 8 ans et poursuit : « Tout refus d'un lycéen d'observer la minute de silence [...] était interprété comme une apologie implicite du terrorisme. » Terrible aussi cette injonction faite à tout musulman de se dire « Charlie ».

Quelques jours plus tard, Mahomet reparaît une nouvelle fois en une de *Charlie*, le visage long comme un pénis, surmonté d'un turban en forme de testicules. On invoque le « droit à critiquer une religion ». Mais est-ce vraiment cela, une critique ? La déferlante médiatique produit un réflexe massif de grégarité. En réalité, comme le note encore Todd, « la France se ment à elle-même ». Car toute une partie de notre peuple n'est pas dans la rue ce 15 janvier : les jeunes des banlieues, notamment, et une population musulmane doublement humiliée par des attentats commis au nom de sa religion et aussi, intimement, par les caricatures. La grande manifestation d'unité nationale est ressentie par eux comme excluante. L'unanimité est pure illusion. La laïcité est bien loin. La binarité républicaine est à son comble. L'éditorialiste de *Politis* est pris à partie nommément dans l'un des discours solennels prononcés par le porte-parole des familles de victimes dans la cour des Invalides. Que répondre ? On ne polémique pas avec un homme qui vient de perdre sa fille. Et pourtant, il se trompe en citant des lignes écrites à propos de la guerre d'indépendance algérienne, et qui n'avaient donc aucun rapport, évidemment, avec les attentats de 2015.

La guerre des antiracismes

Comment en est-on arrivé là ? La gauche, socialiste en premier lieu, porte une lourde responsabilité. Un antiracisme purement moral a d'abord été sa doctrine. C'est la grande époque de SOS Racisme version Harlem Désir, avec son « droit à la différence ». Mais ce combat symbolisé par le fameux slogan « Touche pas à mon pote ! » s'est inscrit dans une lecture culturelle de notre société. Une autre différence en a été écartée : celle qui résulte de l'inégalité sociale, de la ghettoïsation de la jeunesse des cités. C'est ce réajustement politique dont a voulu être porteuse la marche « pour l'égalité », dite « marche des Beurs », de 1983. Les manifestants ont remporté un succès d'estime, mais ils n'ont pu infléchir la politique du gouvernement au moment même où celui-ci prenait son tournant libéral.

Quelques années plus tard, la même gauche s'est rétractée, dénonçant ce même « droit à la différence ». C'est SOS Racisme version Malek Boutih (1999-2003). Le PS se retournait brusquement, et à l'extrême, contre les jeunes des cités et les immigrés. De surcroît, l'association s'engageait en défense de la politique israélienne au moment où l'armée d'Ariel Sharon bombardait la Cisjordanie. Le politologue Pascal Boniface était traîné dans la boue parce qu'il avait, dans une note au premier secrétaire, suggéré que le PS rééquilibre sa position dans le conflit israélo-palestinien. L'antiracisme d'hier creusait une fracture profonde au sein de la société. En réaction, un antiracisme s'organisait en défense des musulmans. Ce que l'on a appelé « la guerre des antiracismes » éclatait. La Licra s'en prenait au Mrap. Un désastre !

Le clivage traverse également les mouvements féministes au moment du débat sur l'interdiction du voile à l'école, en 2003. Deux interprétations de la signification du voile s'affrontent. Pour les courants proches de la droite et du PS, le voile ne peut avoir qu'une signification : il est le symbole de l'oppression de la femme, imposé par le père ou le grand frère. Les jeunes filles ne sont dans cette affaire que des objets et des victimes. Le mouvement « Ni pute ni soumise », influent dans les hautes sphères socialistes, est à la manœuvre. Ce courant pseudo-féministe rejoint une lecture laïcarde qui ne voit dans le voile qu'un signe « ostensible » de prosélytisme religieux. De l'autre côté, des organisations davantage au contact des jeunes musulmanes estiment que le voile n'a pas un sens, mais de multiples. Le choix du voile est souvent le fait des jeunes filles elles-mêmes, en révolte contre une famille jugée soumise à une société postcoloniale, et souvent désireuses d'affirmer une identité contrariée par l'assimilationnisme républicain. Il participe aussi d'un retour du fait religieux qui touche toutes les religions.

Cette interprétation plurifactorielle est évidemment plus proche de la réalité. De ce côté, on dénonce aussi l'étonnant paradoxe qu'il y a, quand on se dit féministe, à demander l'exclusion des adolescentes qui refuseraient d'obtempérer. Mais c'est le dogme qui l'emporte au sein de la commission présidée par un homme pourtant de bonne volonté, le centriste Bernard Stasi, chargée de préparer le texte de loi. De façon édifiante, la commission n'entendra qu'au tout dernier jour des jeunes filles voilées. La loi est promulguée, et l'interdit imposé. Les républicanistes constatent triomphalement que la loi s'applique sans problème. Un triomphe illusoire. Si les adolescentes sont contraintes de s'exécuter, elles remettent le voile sitôt franchies les grilles du lycée, et le signe distinctif est de plus en plus présent dans les quartiers populaires. La commission a donné au voile une signification de plus : celui du refus de l'interdit.

Le débat laïque n'en finit pas de rebondir au sein de la gauche. À l'été 2019, le philosophe Henri Peña-Ruiz suscite un certain émoi à l'université d'été de La France insoumise en revendiquant un « droit à l'islamophobie ». Étrange revendication que celle qui consiste à faire de la phobie (littéralement « frayeur » ou « répulsion ») de l'islam un droit. Sommes-nous toujours sous le régime de la laïcité ? Un an plus tard, le socialiste Olivier Faure s'en prend violemment à Jean-Luc Mélenchon, accusé d'incohérence parce qu'il prend la défense de la députée LFI Danièle Obono, soupçonnée de n'être pas assez « Charlie ». Faure croit pointer une contradiction entre le Mélenchon qui a rendu un hommage « très républicain » au dessinateur Charb assassiné par les djihadistes et le même lorsqu'il défend Obono. Mélenchon « devrait être plus clair sur la laïcité », l'interpelle le premier secrétaire du PS. Avant de poursuivre : « Je l'ai connu entièrement républicain, laïc convaincu, et je veux croire qu'au fond de lui-même, il l'est resté [...]. Dans un moment où les boussoles et les repères sont largement brouillés, il y a besoin de clarté. » Car, selon Olivier Faure, « il y a des gens à La France insoumise qui sont dans cette ambiguïté-là, pas tous. Danièle Obono en fait partie », dit-il, affirmant que celle-ci « a été à plusieurs reprises flashée sur l'autoroute de ses déclarations ».

Face à une problématique complexe, on remarque, au passage, la récurrence de l'injonction à la « clarté », qui est un peu la version profane de la pureté religieuse.

Les déclarations d'Olivier Faure ont fait bondir certains députés insoumis. C'est du pain bénit pour LFI, qui a toujours le PS dans le collimateur. Car quelle est la faute de cette femme, députée de Paris ? Elle ne veut pas « être Charlie ». Elle « pleure les victimes des attentats, mais pas Charlie ». Elle est tout à fait représentative de cette population exclue du faux consensus national. À partir de quelques déclarations qui n'entrent pas dans la norme imposée, quand elles ne sont pas déformées, elle est victime d'un harcèlement médiatico-politique, sans cesse sommée de s'expliquer. Jusqu'à ce que l'hebdomadaire de la droite conservatrice *Valeurs actuelles* la représente en août 2020 en esclave enchaînée dans un montage ouvertement raciste. Intervenant en 2020 lors de la création d'un nouveau think tank, la fondation La Boétie, Jean-Luc Mélenchon citera le poète martiniquais Édouard Glissant, chantre de la « créolisation du monde ». Concept magnifiquement poétique mais peu efficient en politique. On peut l'entendre comme un métissage et une synthèse des cultures. Ce serait alors une promesse d'intégration hors de toute tentative de domination. C'est au fond cela, le pari d'une laïcité authentique.

Ces débats, toujours d'une brûlante actualité, ne cessent de resurgir. Ainsi, lorsqu'une journaliste du *Figaro* assimile aux terroristes du 11 Septembre une femme voilée qui donne une recette de cuisine sur BFM Business, le débat tourne à l'aigre au sein de la gauche sur les réseaux sociaux. A-t-on défendu la jeune femme comme il aurait fallu ? A-t-on eu peur d'être amalgamé à ceux qui, en réaction, ont proféré d'inadmissibles menaces de mort contre la journaliste du *Figaro* ? Le courage politique est-il en sommeil ? L'intimidation, il est vrai, accomplit son œuvre. Le républicanisme laïcard remporte dans les médias des victoires à la Pyrrhus, aggravant en profondeur le malaise d'une partie de nos concitoyens réduits au silence.

Chapitre 10
VOUS AVEZ DIT « LIBERTÉ D'EXPRESSION » ?

L'ouverture du procès des complices des assassins de *Charlie Hebdo*, de l'Hyper Cacher et de Montrouge, en septembre 2020, a recréé un contexte de pensée unique. L'hebdomadaire satirique republie comme par défi les caricatures de Mahomet. En plein procès, sa DRH reçoit des menaces de mort assez crédibles pour que l'on juge nécessaire de l'exfiltrer en hâte de son domicile. Un homme attaque deux passants à la machette devant l'immeuble anciennement occupé par la rédaction de *Charlie Hebdo*. Comme toujours, le facteur psychiatrique n'est pas même évoqué. C'est dans ce contexte qu'une centaine de médias publient, le 23 septembre, un manifeste en faveur de la liberté d'expression. Le droit au blasphème est réaffirmé avec force. Le texte a toutefois cette formule étrange : « En défendant la liberté de blasphème, ce n'est pas le blasphème que nous défendons, c'est la liberté. » Les mots ne sont jamais interrogés : droit à la critique, droit au blasphème, liberté de critiquer et de blasphémer. Le même texte cite l'article 10 de la Déclaration des droits de l'homme et du citoyen de 1789 : « Nul ne doit être inquiété pour ses opinions, même religieuses, pourvu que leur manifestation ne trouble pas l'ordre public établi par la loi. »

Ayant personnellement le souvenir de réunions sur la Palestine interdites à Paris ou en région avec le regretté Stéphane Hessel ou l'admirable femme de paix qu'est Leïla Shahid, pour « risque de trouble à l'ordre public », je ne peux que rappeler combien l'arbitraire préside à cette notion. Quant au blasphème, il est une insulte autorisée tant qu'une religion en est l'objet, mais prohibée quand c'est un individu qui est visé. Mais qui en décide dans notre discours au consensus forcé ? Pas le fidèle en tout cas, à qui l'on dénie ce droit. Où se situe cette ligne invisible qui sépare le croyant de sa croyance et le religieux de sa religion ? Ce point imaginaire à partir duquel l'homme pieux sera insensible aux railleries dont sa religion est l'objet ? On suppose soudain, en ces temps d'unanimisme, que ces questions ne méritent pas d'être posées. Comment ne pas comprendre qu'en déployant un vaste arsenal pseudo-philosophique pour dénoncer une poignée de terroristes réels ou potentiels, on s'autorise à blesser des centaines de milliers de croyants ? Enfin, est-il permis de s'interroger tout simplement sur la notion de liberté ? La liberté, chez Marx, est toujours liberté formelle. On est faussement libre d'être autorisé à faire ce dont on n'a pas les moyens. Autrement dit, pour être libre, il faut en avoir les moyens matériels, soit économiques, soit en disposant du statut social nécessaire. De ce point de vue, la liberté réelle de faire tout ce que j'ai envie de faire, une caricature obscène de Mahomet par exemple, est un privilège social absolu.

L'assassinat de l'enseignant Samuel Paty

Le débat va rebondir dans des circonstances particulièrement tragiques avec l'assassinat, le 16 octobre 2020, de Samuel Paty, un enseignant d'un collège de Conflans-Sainte-Honorine (Yvelines). L'affaire suscite une immense émotion légitime dans tout le pays. D'autant que l'agresseur, un réfugié russe d'origine tchétchène de 18 ans, a ajouté au meurtre la décapitation de sa victime, donnant à son acte une portée rituelle qui rappelle les méthodes de Daech en Syrie. Mais l'émotion ne résulte pas seulement de la barbarie de l'acte. Ce sont ses motifs qui touchent le pays au plus profond de son identité culturelle. C'est un enseignant qui est assassiné en raison de la nature de son enseignement. C'est l'école qui est visée. L'opposition entre l'éducation et la barbarie, la lumière et l'obscurantisme, frappe naturellement les esprits. On ne tarde pas, au gouvernement comme dans certaines officines de droite ou issues du vieux Parti socialiste, à proclamer la République en danger. Il est rapidement impossible de distinguer ce qui relève de l'émotion légitime et ce qui procède d'une tentative d'exploitation politique en provenance notamment de l'extrême droite.

L'affaire se complique quand on découvre l'enchaînement des faits. Le jeune Tchétchène n'a rien à voir avec le collège de Conflans, il ne connaît pas sa victime. C'est une vidéo postée par le père d'une élève qui déclenche en lui cette pulsion monstrueuse qui le conduira à agresser Samuel Paty à la sortie de l'établissement scolaire. Encouragé, ou manipulé, par un islamiste radical connu des services de renseignement, ce parent d'élève accuse l'enseignant d'avoir montré à sa classe de quatrième des caricatures de *Charlie Hebdo*. Plus grave, il livre dans sa vidéo le nom du professeur et fournit toutes les indications qui permettront de le localiser. À juste titre, c'est donc aussi le procès des réseaux sociaux qui s'ouvre confusément. La vidéo est devenue une arme par destination : il y avait tout lieu de penser que le message trouverait tôt ou tard un bras armé. La responsabilité du père – et de son sulfureux mentor – est aggravée par le fait qu'il a agi à partir du seul témoignage de sa fille, dont on apprend rapidement qu'elle était absente le jour du cours en question.

Un débat pédagogique, cependant, apparaît en filigrane. Fallait-il montrer les caricatures ? Fallait-il, en s'inspirant des modèles anglo-saxons, demander aux jeunes musulmans présents dans la classe de se faire connaître en tant que musulmans, et leur suggérer de sortir ou de se détourner ? Même si la question a été posée avec bienveillance, est-on là dans un modèle laïque qui n'a pas à connaître les appartenances religieuses ? Autant de débats impossibles dans un climat d'intense émotion. Deux thèses se font face. Dans l'interprétation politiquement et médiatiquement dominante de la tradition républicaine, il faut montrer les caricatures, même choquantes, parce qu'il en va de la liberté d'expression. Or la liberté d'expression est précisément l'objet d'un tel cours d'enseignement moral et civique. Mais, pour les musulmans pratiquants et pour des enfants élevés dans cette foi religieuse, ces dessins qui montrent, pour l'un d'entre eux, Mahomet nu, les couilles pendantes et le cul frappé d'une étoile islamique, constituent une blessure et une humiliation.

Les républicanistes refusent toute concession. La tonalité dominante se résume à peu près par un « nous sommes chez nous, et les musulmans doivent se soumettre ». Ils doivent regarder en face les caricatures et admettre que la liberté d'expression, dont elles sont devenues le symbole, n'est pas négociable. On fait lire dans les classes une lettre tronquée de Jaurès aux enseignants, mais on oublie la belle missive de Jules Ferry aux professeurs d'histoire-géographie, le 17 novembre 1883 : « Demandez-vous si un père de famille, je dis un seul, présent à votre classe et vous écoutant, pourrait de bonne foi refuser son assentiment à ce qu'il vous entendrait dire. Si oui, abstenez-vous de le dire ; sinon, parlez hardiment. » Certes, les parents n'ont pas toujours raison contre l'école. Loin de là. Mais le choix du gouvernement d'enjoindre aux enseignants de transgresser devant leurs élèves un tabou de l'islam a l'inconvénient de placer des jeunes consciences en situation de conflit intérieur violent entre la culture familiale et l'école. Un conflit insoluble quand on a 13 ans. Avec le risque de creuser encore un peu plus, et sur un terrain identitaire, un fossé entre deux France.

Cette stratégie aurait quelques chances d'aboutir si la population visée n'était pas, de surcroît, déjà discriminée socialement et recluse dans des quartiers délaissés par la République. Dans les conditions actuelles, c'est offrir un terreau à l'islamisme qui ne peut prospérer que dans l'hostilité à la société occidentale, dont la France présente, aux yeux de cette population reléguée, un cas extrême.

Mais la psychorigidité républicaine n'a pas toujours l'innocence d'un mauvais choix stratégique. Elle est aussi la manifestation d'un combat politique menée par ce qui ressemble en France aux néoconservateurs états-uniens. N'oublions pas le séminaire discrètement réuni au mois d'août précédent par Jean-Michel Blanquer. Il ne s'agit plus là de pédagogie, mais d'une volonté de soumettre les musulmans. Un racisme anti-arabe gît massivement sous l'alibi républicain.

La base de ce combat inavoué est évidemment à l'extrême droite. Il est historiquement étrange de voir le

Rassemblement national et ses pseudopodes se réclamer d'une laïcité intransigeante. C'est le drame de la laïcité de servir de masque à des imposteurs qui l'ont toujours combattue quand il s'agissait de la relation entre l'État et le catholicisme. Mais ce serait trop facile de ne voir dans cette stratégie de la tension que la main de l'extrême droite. Depuis le début des années 2000, des cercles plus ou moins liés à la droite du Parti socialiste ont largement contribué à souffler sur les braises. Ce maelstrom idéologique a associé des philosophes comme Alain Finkielkraut et Pascal Bruckner ou l'essayiste Caroline Fourest, rejoints bientôt par les tenants de la gauche républicaniste dure, incarnée par Manuel Valls. Avec ce maire d'Évry, et futur Premier ministre, surpris dans une vidéo à vouloir « plus de white » sur les marchés de sa ville, nous sommes aux confins d'une peur identitaire qui s'insinue dans notre société, instrumentalisée par des courants convergents.

En 2016, la création par le politologue Laurent Bouvet du Printemps républicain va bientôt fédérer une partie des républicanistes menant bataille, toujours au nom d'une laïcité faussement intransigeante, contre l'islam, l'immigration et le spectre du « grand remplacement », selon la formule de l'essayiste de droite Renaud Camus. Laurent Bouvet rassemble ses théories dans un ouvrage au titre édifiant : *Le Péril identitaire*[53]. Dans ce contexte, l'assassinat de l'enseignant Samuel Paty donne lieu à une offensive idéologique qui n'a bientôt plus grand-chose à voir avec l'indispensable lutte contre l'islamisme radical et la nécessaire répression contre les discours de haine et d'incitation à la violence. Un vent d'union nationale souffle sur le pays.

53. Laurent Bouvet, *Le Péril identitaire*, Éditions de l'Observatoire, 2020.

Pour avoir participé, un an plus tôt, à une manifestation contre l'islamophobie, Jean-Luc Mélenchon est accusé de « trahison » par le ministre de l'Éducation nationale, Jean-Michel Blanquer. Le mot « guerre » est répété à l'envi par la philosophe Élisabeth Badinter. L'Observatoire de la laïcité est accusé par la ministre Marlène Schiappa de pratiquer une « laïcité d'apaisement ». Est-ce un crime ? Les références martiales alimentent les discours officiels. Tout est mêlé : la question de la mixité dans les piscines, les rayons halal des magasins d'alimentation, le voile islamique, la contestation de certains contenus scolaires... L'idée est celle d'une étroite parenté entre des revendications identitaires musulmanes et l'islamisme radical. Au lieu d'envisager ce que la République peut admettre et ce sur quoi elle ne peut transiger – comme les contenus scientifiques des enseignements scolaires –, l'interdit est partout. Une sorte d'idéologie viriliste s'empare des cercles du pouvoir qui ne peut conduire qu'à des affrontements – heureusement le plus souvent latents – qui ne feront que des vaincus dans un monde promis, de toute façon, à des mélanges de populations. Ce qui fait dire au philosophe belge Henri Goldman que « tout semble aujourd'hui fait pour rabattre l'islam vers l'islamisme[54] ».

La bataille gagne bientôt l'université. Un manifeste de cent intellectuels publié par *Le Monde* déclare une véritable guerre idéologique à « des courants islamo-gauchistes *[sic]* très puissants dans les secteurs de l'enseignement supérieur ». Des courants accusés de commettre « des dégâts sur les esprits ». On note ici la réapparition de la catégorie confusionniste d'islamo-gauchisme, qui est le

54. Antoine Perraud, « Henri Goldman : "Tout semble aujourd'hui fait pour rabattre l'islam vers l'islamisme" », Mediapart, 31 octobre 2020.

nouveau point Godwin d'un débat que l'on veut interdire. L'équivalent du « judéo-bolchevisme » dans le discours de la droite des années 1930. Le manifeste se livre surtout à un amalgame entre les partisans d'une laïcité ouverte et les excès d'un certain multiculturalisme anglo-saxon. Partis d'une affirmation débridée de la liberté d'expression, les signataires en viennent ainsi à menacer l'expression universitaire ou sociologique de toute autre interprétation de la laïcité que la leur. La boucle est bouclée.

Il n'est pas étonnant que cet appel à une « police de la pensée » finisse par trouver sa version réellement policière. C'est chose faite le 5 novembre 2020, lorsque des policiers encagoulés font irruption à 7 heures du matin dans quatre appartements d'une cité HLM d'Albertville pour interpeller une fillette et trois garçons de 10 ans soupçonnés d'« apologie du terrorisme » lors de l'hommage rendu dans leur collège à Samuel Paty. Après neuf heures de « retenue judiciaire » au commissariat, rien n'a pu être démontré, ni n'a pu justifier le ridicule d'une telle opération. Un jour, peut-être, notre République regardera avec honte et incompréhension ces journées où, manipulée par une vieille gauche sensible au discours de l'extrême droite, elle a perdu la raison.

Des immigrés éternels suspects

C'est dans ce climat que survient un nouvel attentat dans une basilique de Nice, où trois fidèles en prière sont poignardés à mort par un jeune islamiste tunisien arrivé quarante-huit heures plus tôt sur notre territoire. L'amalgame avec la question de l'immigration s'en trouve alimenté au plus grand profit de l'extrême droite. Le refus de la France républicaine de prendre acte de l'inéluctabilité des mouvements migratoires a créé des zones de non-droit. L'assassin de la basilique de Nice, qui se trouvait en situation irrégulière, illustre cette situation. Là encore, l'extrême droite tente de dicter sa loi pour obtenir une fermeture des frontières plutôt qu'une gestion rationnelle des flux migratoires en relation avec l'Union européenne. Certes, officiellement, la France ne ferme pas ses frontières, mais elle est si peu accueillante que les difficultés pour les migrants sont innombrables. Un refus inavoué d'accueil qui se transforme en désastre humanitaire quand des candidats à l'immigration se noient en Méditerranée ou s'entassent dans des conditions d'indécente misère aux portes de Paris ou à Calais. En vingt ans, de 2000 à 2020, ce sont trente mille personnes qui ont péri en tentant de gagner les côtes italiennes ou françaises.

L'argument du refus est le plus souvent économique. Les enquêtes sont nombreuses pourtant qui montrent que l'immigration, loin de mettre en danger notre économie, lui est utile à tous les niveaux de compétence. En bas de l'échelle sociale, les immigrés remplissent souvent des tâches que les Français installés de longue date ne veulent plus accomplir. C'est l'expression cynique, mais bien parlante, des trois « D » : *dirty, difficult, dangerous*, pour les métiers sales, difficiles et dangereux. Mais, en haut de l'échelle, la France est en demande, entre autres, de médecins étrangers, parfois dans nos déserts médicaux, parfois au cœur de nos villes. On ne compte plus déjà les spécialistes très qualifiés venus notamment des pays arabes. La crise du Covid-19 a mis en évidence ces compétences souvent moins bien payées que celles des praticiens français. Ce n'est pas le lieu ici d'asséner des chiffres : on renverra aux travaux nombreux de Patrick Weil ou de Catherine Wihtol de Wenden[55]. On y apprendra notamment que l'immigration est, à proportion de notre population, moins importante aujourd'hui que dans les années 1930. L'idée d'une immigration massive et quasi exponentielle venue d'Afrique relève du fantasme. Les mouvements vers la France proviennent aujourd'hui de pays en guerre ou sous le joug de régimes dictatoriaux comme la Syrie, l'Afghanistan et l'Érythrée, mais aussi de pays de l'Est européen.

Ce qui nous intéresse ici, c'est la fabrication de cette thématique, d'abord par l'extrême droite puis par des cercles proches de la droite du PS. Les mêmes que nous avons rencontrés autour de la question laïque. D'où il ressort que les politiques les plus restrictives – qui se dissimulent derrière des arguties économiques destinées à faire peur à nos concitoyens (l'étranger qui va prendre notre travail) – sont en réalité identitaires. Là encore, la social-démocratie finissante a joué un rôle désastreux. Il n'empêche que la gauche, en général, est peu à l'aise avec ce dossier devenu une sorte de tabou. L'obstacle économique devrait plutôt renvoyer aux délocalisations, qui coûtent infiniment plus à l'emploi en France que les flux migratoires. Enfin, une vraie gauche ne devrait pas craindre d'aborder la question d'un point de vue moral. C'est-à-dire avec empathie. La gauche ne peut pas seulement adopter un point de vue comptable ethnocentriste. Le sort d'un migrant qui fuit une dictature, une guerre civile ou une catastrophe climatique ne peut pas laisser indifférent un militant de gauche. Ce sens de la solidarité existe aujourd'hui dans de

55. De Patrick Weil, on lira en particulier *La République et sa diversité. Migrations, intégration, discrimination*, Le Seuil, 2005. Et de Catherine Wihtol de Wenden, *La Question migratoire au XXIe siècle. Migrants, réfugiés et relations internationales*, Presses de Sciences Po, 2010.

nombreuses associations très actives sur le terrain. On le retrouve aussi indiscutablement chez les écologistes, souvent eux-mêmes issus du mouvement associatif.

Le débat autour de l'antiracisme états-unien

Je ne peux conclure ce chapitre sans dire un mot de l'antiracisme états-unien. Il influence désormais une frange de l'antiracisme français et donne prétexte aux républicanistes français pour raidir encore un peu plus leur position. Le péril n'est évidemment pas de même nature, ni à la même échelle, que celui représenté par le racisme républicaniste dénoncé plus haut. Il peut en revanche lui donner des armes. Un livre paru aux États-Unis en 2018 sous le titre *Fragilité blanche* est représentatif d'un discours qui mérite débat[56]. Il est l'œuvre d'une sociologue, professeure d'éducation multiculturelle, Robin DiAngelo. La thèse en est simple : les Blancs sont naturellement racistes parce qu'ils sont Blancs. « Si vous êtes blanc, dit-elle, votre opinion sur le racisme est très probablement lacunaire. »

Évidemment, DiAngelo revendique une approche « non simpliste » du racisme. Un racisme inconscient, enfoui, et que la sociologue nous « révèle ». Son livre est un exercice d'interprétation de l'inconscient du Blanc. Le « racisme » du Blanc est invisible, inexprimé. Il arrive même qu'il s'exprime dans l'antiracisme… C'est alors une forme d'outrecuidance, car « il est important pour le Blanc de faire preuve d'humilité raciale ». S'il se croit antiraciste, c'est qu'il est en vérité un « raciste aversif ». C'est-à-dire un « raciste bien intentionné ». Il est raciste tout en voulant garder « une image positive de [lui-même] ». Le Blanc doit

56. Robin DiAngelo, *Fragilité blanche*, Les Arènes, 2020.

donc impérativement « s'envisager d'un point de vue racial » pour prendre conscience que tout jugement ou toute opinion émanant de sa personne est victime d'un biais. On pourra objecter à l'auteure que ce biais est en concurrence avec quantité d'autres – sociaux ou culturels – au moins aussi constitutifs de la personnalité. Pourquoi faudrait-il absolument considérer que ce biais-là est le plus important et qu'il n'est pas contrebalancé par d'autres (l'engagement politique, par exemple, trop absent de l'ouvrage de Robin DiAngelo) ? C'est d'autant plus discutable que la couleur de peau est précisément ce à quoi nul ne peut échapper. On court ici le risque de l'essentialisation. Et la sociologue n'en finit pas d'inviter le Blanc à se faire pardonner ce qu'il est.

Le livre de Robin DiAngelo est étrange parce qu'il s'autodétruit en permanence. C'est une longue prévention : il ne cesse de répondre aux objections qui pourront lui être adressées. Si on l'accuse de procéder par généralités, elle assume. Car il n'est pas question pour le Blanc de croire qu'il peut, par prétention d'unicité ou d'individualisme, échapper à son groupe. Il est d'abord un Blanc. Ouvrage de culpabilisation massive, il plaide, tout au long, coupable pour lui-même.

Fragilité blanche est en fait une variation sur le thème de l'*habitus* cher à Pierre Bourdieu. Ce « savoir incorporé » qui nous détermine socialement et culturellement. Que le Blanc soit « habité » par une « habitude » de domination léguée par l'histoire de sa communauté, et qui détermine en partie ses comportements, est une réalité, sinon une évidence. L'aider à en prendre conscience est nécessaire. Le problème naît moins du discours de Robin DiAngelo lui-même que de l'usage parfois brutal qui en est fait dans certains milieux universitaires états-uniens, notamment des mises en accusation publiques d'enseignants. Le livre invite utilement à un travail sur soi ; il ne peut déboucher sur de telles pratiques qui provoquent inhibitions et refoulements et servent la cause qu'elles prétendent combattre. On a vu comment Jean-Michel Blanquer et ses soutiens se sont emparés du débat pour, en toute mauvaise foi, mobiliser en défense du « modèle français »

Chapitre 11
PEUT-ON ENCORE FAIRE LA RÉVOLUTION ?

Le capitalisme a le génie de la récupération. L'idée de révolution n'est pas dans cet exercice son moindre trophée. La révolution est aujourd'hui mise à toutes les sauces. Le mot, il est vrai, s'y prête bien. « Il désigne d'abord le mouvement des astres qui "retournent" périodiquement à leur point de départ », note le linguiste Alain Rey[57]. On peut donc voir dans l'étymologie un mauvais présage. La révolution russe a mis soixante-dix ans pour aller de Raspoutine à Poutine. Et la révolution égyptienne deux ans pour troquer Moubarak contre Abdel Fattah Al-Sissi. De mal en pis. Encore que, dans ce dernier exemple, on peut penser qu'une révolution irréversible a bien eu lieu, qui n'est pas celle que l'on croit mais celle des réseaux sociaux, qui n'ont pas fini de servir aux mobilisations sociales... comme aux polices répressives et à l'avilissement de l'espace public, livré aux fausses nouvelles et au complotisme. Alain Rey rappelle que le mot s'est chargé de politique au XVIIe siècle. Le cardinal de Retz en fit même un synonyme de « révolte ». On est passé d'une représentation de l'ordre suprême des astres à un désordre apparent, remarque le linguiste avec une pointe d'ironie. Le mot prend son sens historique avec

57. Alain Rey, « "Révolution" : le centre des espoirs et des craintes », dans « Révolution(s) », *Politis*, hors-série n° 65, décembre 2016-janvier 2017.

Montesquieu, qui le distingue de la révolte et de la rébellion pour nommer « un changement radical et profond des structures politiques d'un État[58] », non sans entraîner une idée de violence devenue aujourd'hui problématique. D'où le mot fameux du duc de Liancourt à Louis XVI incrédule, le 14 juillet 1789 : « Une révolte ? » demande le roi. « Non, sire, une révolution », répond le duc.

En Angleterre comme en France, la Révolution a coupé beaucoup de têtes. « C'est un mot qui a donné un sens à beaucoup de vies et fait beaucoup de morts[59] », résume Régis Debray, toujours désabusé. Si bien que le très clivant Jean-Luc Mélenchon prend soin d'adjoindre un adjectif modérateur à sa révolution, qui sera donc « citoyenne » et se fera « par les urnes ». Reste à savoir si cette précaution est suffisante pour rassurer le plus grand nombre. Sinon, on peut aussi jouer de l'oxymore, comme au Mexique, qui a inventé le Parti révolutionnaire institutionnel. Lequel est surtout devenu férocement contre-révolutionnaire...

Ce sont en fait les usages modernes qui réussissent le mieux à apaiser les craintes, au risque même de vider le mot de tout son sens. Aujourd'hui, les « révolutions » sont de tous ordres. On connaît la révolution surréaliste de Breton, la révolution cubiste de Braque et Picasso, la révolution relativiste d'Einstein, la révolution numérique et tant d'autres qui en découlent. Sans oublier la révolution copernicienne, qui est entrée dans le lexique commun pour désigner tous les renversements de logique. S'éloigne-t-on pour autant de la politique ? C'est l'une des questions les plus importantes de notre temps. Régis Debray estime

58. *Ibid.*

59. Régis Debray, « Les vraies ruptures sont dues aux innovations techniques », dans « Révolution(s) », *Politis*, hors-série n° 65, décembre 2016-janvier 2017.

par exemple que «les vraies ruptures sont dues aux innovations techniques[60]». On ne saurait lui donner tort. Les grandes inventions ont «révolutionné» nos modes de vie et de pensée. Et on ne reviendra pas en arrière par rapport au téléphone mobile ou à Google. Là où le diagnostic de Debray touche à ses limites, c'est avec la Révolution française ou la révolution américaine. Qui peut dire qu'elles n'ont pas créé de l'irréversible? Même après une transition chaotique d'un siècle faite en France de deux empires, d'une Restauration et de trois autres révolutions.

Deux grands mythes fondateurs

Tout au long du XXe siècle, la gauche a vécu sur deux grands mythes fondateurs qui ont été aussi de puissantes forces propulsives. La Révolution française et l'Octobre russe. Il n'y a guère eu de grandes manifestations qui n'aient puisé dans ce système de référence. Le Front populaire, la Libération, Mai 68 sont autant d'événements qui ont été chaque fois interprétés comme annonciateurs d'une nouvelle révolution. «Tout est possible!» s'exclamait en 1936 le socialiste de gauche Marceau Pivert. Pour certains courants trotskistes, la grève générale de mai 1968 n'était qu'une répétition générale. Cette idée de «répétition» a été source d'inspiration et d'espoir, mais elle a aussi figé l'analyse dans des représentations passéistes, interdisant de vivre les événements dans leur singularité et de discerner d'autres révolutions, technologiques notamment, qui allaient transformer les conditions du combat social. À commencer par le bouleversement de l'espace politique.

60. *Ibid.*

Ma génération, grisée par la perspective d'une nouvelle révolution qui mimerait les précédentes, de préférence avec des soviets et un parti bolchevik, n'a pas compris que les grands bouleversements se jouaient sur un tout autre terrain. Lorsque au début des années 1980 l'agence Reuters a présenté son mur d'écrans rendant compte instantanément des transactions sur toutes les places financières du monde, nous nous sommes extasiés, avec une poignée de journalistes, devant une prouesse technologique, sans comprendre que c'était le capitalisme qui faisait sa révolution et que les conditions du combat social allaient s'en trouver transformées. Et nous n'avons toujours pas rattrapé cette révolution de retard. Avec cet imaginaire infirme, tout juste capable de répéter l'histoire, nous nous sommes parfois trompés de passé.

Deux révolutions oubliées

Dans cette mythologie qui a inspiré plusieurs générations de militants tout au long du XXe siècle, deux révolutions ont été oubliées ou minorées : celle de février 1848 et la Commune. Cela s'explique par le fait que ces deux insurrections ont été vite écrasées dans le sang, ce qui ne prédispose guère à la référence. Est-ce aussi parce qu'elles n'ont pas produit de grands mythes ? Ce sont pourtant des révolutions concrètes et modernes. 1848 a marqué l'entrée du prolétariat sur la scène de l'histoire, et introduit une problématique nouvelle et promise à un grand avenir : le travail. La crise sociale et la disette avaient déjà donné lieu à plusieurs émeutes depuis la révolution de juillet 1830. En janvier 1848, Tocqueville met le régime en garde : « Le sol tremble de nouveau en Europe […], un vent de révolution est dans l'air.» L'interdiction de banquets républicains devenus de véritables réunions subversives mettra le feu aux poudres. La défection de la garde nationale, qui refuse de tirer sur les manifestants, scelle le sort de la monarchie de Juillet.

On ne peut omettre de citer Tocqueville, historien libéral mais surtout témoin direct de la révolution, qui nous fait respirer l'air de ce Paris soudain aux mains d'un peuple déterminé et inventif. En conclusion de l'un de ses textes surgit un mot encore rare, savoureux sous sa plume. L'hommage du bourgeois au «bas peuple». Ce mot, c'est «socialisme». «Deux choses me frappèrent surtout, écrit-il. La première, ce fut le caractère, je ne dirai pas principalement, mais uniquement et exclusivement populaire de la révolution qui venait de s'accomplir. La force qu'elle avait donnée au peuple proprement dit, c'est-à-dire aux classes qui travaillent de leurs mains, sur toutes les autres. La seconde, ce fut le peu de passion haineuse et même, à dire vrai, de passions vives quelconques que faisait voir dans ce premier moment le bas peuple devenu tout à coup seul maître de Paris[61].»

Tocqueville rend également hommage à l'inventivité populaire: «Dès le 25 février [1848], mille systèmes étranges sortirent impétueusement de l'esprit des novateurs et se répandirent dans l'esprit troublé de la foule. Tout était encore debout sauf la royauté et le Parlement, et il semblait que, du choc de la révolution, la société elle-même eût été réduite en poussière, et qu'on eût mis au concours la forme nouvelle qu'il fallait donner à l'édifice qu'on allait élever à sa place; chacun proposait son plan; celui-ci le produisait

61. Alexis Tocqueville, *Souvenirs*, texte établi par Luc Monnier, Gallimard, «Folio», 1964.

dans les journaux ; celui-là dans les placards qui couvrirent bientôt les murs ; cet autre, en plein vent par la parole. L'un prétendait réduire l'inégalité des fortunes, l'autre l'inégalité des lumières, le troisième entreprenait de niveler la plus ancienne des inégalités, celle de l'homme et de la femme. »

Enfin, Tocqueville s'étonne du surgissement d'une doctrine encore inconnue : « Ces théories étaient fort diverses entre elles, souvent contraires, quelquefois ennemies ; mais toutes, visant plus bas que le gouvernement et s'efforçant d'atteindre la société elle-même, qui lui sert d'assiette, prirent le nom commun de socialisme. »

Au chapitre de la créativité ouvrière, la question du travail ouvrier apparaît comme un élément central de la révolution. En cela, février 1848 est d'une grande modernité. On connaît l'histoire des Ateliers nationaux, organismes financés par l'État et offrant du travail aux chômeurs, mais non dépourvus d'ambiguïtés en raison de leur organisation militarisée et fort éloignés des Ateliers sociaux dont rêvait le socialiste Louis Blanc. Pourtant, tels qu'ils étaient, ils ont tout de même été rapidement inacceptables pour les républicains dits « modérés », vainqueurs des élections législatives du 23 avril. Après avoir manqué son grand rendez-vous du 10 mai, jour d'une manifestation de rue qui fut en partie un échec, la résistance sociale est devenue une proie facile pour la réaction. La fermeture des Ateliers décidée par le nouveau gouvernement a précédé de peu la répression sanglante qui s'est abattue sur les catégories populaires des villes.

La révolution de février et la contre-révolution de juin 1848 symbolisent, comme en un terrible raccourci, la tragédie de la gauche moderne. Elles illustrent ses divisions, mettant face à face deux courants et deux sociologies se réclamant de la gauche. L'une, libérale bourgeoise, allant jusqu'à faire donner la mitraille contre l'autre. Georges Clemenceau, Jules Moch et Manuel Valls étaient déjà annoncés… On note aussi la modernité du débat entre une bourgeoisie peu partageuse, hantée par les équilibres budgétaires et convaincue philosophiquement que l'aide aux chômeurs doit relever de la charité privée, et un mouvement social, et même socialiste, naissant qui investit sur la mission de l'État. Nous verrons plus loin que la question du travail n'a pas cessé de diviser la gauche, mais selon de nouvelles lignes de fracture entre écologistes et insoumis.

Si la révolution de 1848 a posé la question du travail et de l'emploi, la Commune de Paris (mars-mai 1871) mérite surtout de nourrir nos réflexions actuelles sur la question démocratique. On ne peut pas tout à fait dire que cette révolution est « oubliée » puisqu'elle est célébrée chaque année au mur des Fédérés, où furent massacrés les derniers communards. Elle l'est cependant dans la mesure où on célèbre peu son contenu, qui est, socialement, culturellement et démocratiquement, d'une extraordinaire richesse et d'une grande modernité. Le programme de La France insoumise a puisé à grandes brassées dans cette expérience à nulle autre pareille. Sociologiquement, les ouvriers sont au cœur du processus révolutionnaire, avec les artisans et les petits commerçants. C'est une nouvelle sans-culotterie, très républicaine, à dominante jacobine, mêlée d'anarchistes et de socialistes, qui a fondé une république autonome sociale. Les logements vides ont été réquisitionnés, les loyers impayés ont été effacés, les dettes annulées ou rééchelonnées, la durée du travail a été limitée, et tant d'autres mesures. Mais c'est le processus démocratique qu'il faut sans doute surtout retenir. Les membres de l'assemblée municipale ont été déclarés révocables, les étrangers ont pu avoir accès à la citoyenneté, les cadres d'entreprises ont été élus par les salariés, des coopératives ouvrières ont été créées. Un fort mouvement est né en faveur des droits des femmes. Une Union des femmes pour la défense de Paris a revendiqué le droit au travail ainsi que l'égalité salariale et le droit de vote. L'école est rendue gratuite et obligatoire dix ans avant les lois de Jules Ferry. L'œuvre est considérable en quelques semaines. Elle ressemble à un programme d'une gauche radicale du XXIe siècle.

L'Octobre russe, un mythe devenu inopérant

La gauche du XXe siècle a vécu bien davantage sur un autre mythe révolutionnaire né de la révolution russe d'octobre 1917. À vrai dire, celui-ci n'existe pas sans le mythe de la Révolution française. Les bolcheviks étaient habités par cette histoire française, par la grande Révolution, mais aussi par celle de 1848 et la Commune. Lénine était hanté par les massacres de juin 1848 et de mai 1871. Il a puisé dans ces deux terribles échecs une philosophie de la violence qui allait déterminer ce qu'on a appelé le « communisme de guerre », lorsque la jeune révolution a dû repousser à la fois le soulèvement paysan, la contre-révolution blanche et l'agression des troupes étrangères. Les germes du stalinisme, que l'on cherche toujours comme un péché originel dans le léninisme, résident bien plutôt dans cette adversité aux multiples visages. La défense de la révolution, coûte que coûte, a produit les camps, la police politique, la militarisation du travail et le caractère impitoyable d'une répression qui a frappé, au-delà de l'ennemi, toute dissidence paysanne ou anarchiste. Le plus terrible exemple étant l'écrasement de la révolte anarchisante des marins de Cronstadt. Cette phase, qui a immédiatement suivi la prise du pouvoir, a fait deux grandes victimes : le pluralisme et la démocratie. Cette démocratie parlementaire, ou celle des soviets, qui procédait selon Lénine d'un « point de vue formaliste ».

Historiquement, c'est un débat assez simple sur la « légitime défense ». N'oublions jamais la menace du général Kornilov, chef des armées blanches : « Même si nous avons à brûler la moitié de la Russie et à verser le sang des trois quarts de la population, nous devrons le faire si c'est pour sauver la population. » La race des Caligula et des Assad est éternelle. Mais, politiquement, c'est un legs de violence et de totalitarisme qui réduit à néant l'usage moderne que l'on peut faire de l'Octobre russe. On peut donner acte aux premiers bolcheviks d'avoir cru, autour de Lénine, au caractère provisoire des mesures liberticides auxquelles ils se sont sentis contraints. C'est un débat sans fin sur l'intentionnalité. Pour ma part – défaut de jeunesse ? –, je leur ferai toujours crédit de leurs bonnes intentions et de la grandeur du projet. Mais l'histoire a tranché en leur défaveur. Les mesures honnies n'ont pas été provisoires. Au contraire, elles ont fait système. Comme l'analyse fort bien Roger Martelli, « le "communisme de guerre" est devenu, aux yeux de la plupart des bolcheviks, non pas un choix conjoncturel lié à des circonstances exceptionnelles, mais la méthode par excellence de toute révolution[62] ». Martelli note encore que Lénine a été « en partie prisonnier de la grande Révolution française ». Et disons qu'une partie de la gauche française a été pendant soixante-dix ans prisonnière de Lénine… et de Trotski.

62. Roger Martelli, *1917-2017. Que reste-t-il de l'Octobre russe ?*, Éditions du Croquant, 2017.

Tout discours sur la violence révolutionnaire porte aujourd'hui en lui cette leçon funeste, plus répulsive que propulsive. Pour autant, n'y a-t-il rien de bon à conserver de l'histoire de la révolution russe ? Le paradoxe, c'est que le bilan réellement positif d'Octobre russe (et non pas « globalement positif », comme l'avait cyniquement affirmé Georges Marchais à propos des pays de l'Est au lendemain de l'invasion de l'Afghanistan par les chars soviétiques) ne procède pas des vertus intrinsèques de la révolution, mais d'une sorte d'effroi qu'elle a suscité au sein des bourgeoisies occidentales. C'est en tant qu'opposition au cœur des démocraties qu'elle a non seulement fertilisé une contre-société, mais permis aux classes ouvrières d'arracher des acquis sociaux inspirés par la peur du communisme. Un régime stalinien eût sans doute été épouvantable dans nos régions comme il le fut en Union soviétique, mais la peur du communisme sur les élites capitalistes a été, chez nous, remarquablement efficace et socialement progressiste. Autrement dit, c'est en tant qu'éternelle opposition que le stalinisme a été fécond. La preuve par l'absurde : l'effondrement de l'Union soviétique en 1991 a soudain libéré un capitalisme financier totalement décomplexé qui a façonné le monde peu enviable que nous connaissons. Ce n'est pas un imaginaire communiste qui a fait vivre les gauches occidentales depuis longtemps édifiées sur la véritable nature du système soviétique, mais un pieux mensonge que des générations se sont raconté à elles-mêmes.

Ajoutons que le trotskisme a sans doute été la forme la plus élaborée de ce mensonge involontaire puisqu'il a entretenu l'illusion d'un bolchevisme qui, après avoir emprunté les chemins et les moyens de la révolution russe, serait parvenu à un tout autre résultat que celui auquel il est parvenu. Les communistes anti-staliniens n'ont pas cru au fameux adage «les mêmes causes engendrent les mêmes effets». L'ennui, c'est que l'adage a été plus solide que le rêve.

Esquisse de portrait du révolutionnaire

La révolution russe a perdu de son pouvoir magique sur la jeunesse. Mais la typologie du révolutionnaire existe toujours parmi nous. Qui est-il au juste? Dans son approche d'une définition de la gauche, Dionys Mascolo, en bon communiste, introduit ce personnage de type nouveau. Non plus celui de 1789, mais celui de 1917. Il ne lui donne pas de nom, mais ce peut être le Kyo de *La Condition humaine* ou le Garine des *Conquérants*, capable de dire que sa propre vie «ne l'intéresse pas». Est-il donc de gauche, ce communiste? L'histoire politique du XXe siècle répond par l'affirmative, mais le révolutionnaire lui-même ne se définit pas *a priori* ainsi. Il se dit ou se croit marxiste, or la gauche n'existe ni chez Marx, ni chez Lénine. Non, bien sûr, que ceux-là soient de droite, mais la gauche est pour eux une catégorie qui, sociologiquement, est dépourvue de substance. Elle n'existera que conjoncturellement, pour des alliances de circonstances. Maurice Thorez, dont je ne ferai pas un héritier direct de Marx, loin de là, est allé jusqu'à affirmer que la Section française de l'Internationale communiste, ancêtre du PCF, n'était «ni de droite, ni de gauche[63]».

Quant au militant de gauche, il n'est pas nécessairement révolutionnaire, tandis que le révolutionnaire juge presque infamant et vulgaire qu'on le verse dans ce

63. Cité par Jean-Claude Michéa dans Jacques Julliard et Jean-Claude Michéa, *La Gauche et le peuple*, Flammarion, 2014.

grand fourre-tout idéologique qu'est pour lui la gauche, voire, comme dirait Jean-Luc Mélenchon, « la goche ». À prononcer avec l'accent affété des quartiers bourgeois-intellectuels de Paris... Pour le révolutionnaire, l'homme de gauche est un inconséquent, un « petit-bourgeois ». Il critique le monde mais ne se donne pas les moyens d'en changer et, finalement, s'en accommode dans sa vie personnelle, jouissant ainsi des conforts que permet encore le capitalisme. Il ne fait qu'exprimer idéologiquement, mais en vain, les contradictions du capitalisme. Il est idéaliste quand le révolutionnaire est matérialiste et porteur d'une logique irréfragable. La logique, au contraire, n'est pas le fort de l'idéaliste de gauche. Peut-être parce qu'il pressent les périls auxquels nous expose un excès de logique : trop de cohérence, trop de vertu, trop de pureté qui risquent de placer tout un chacun devant un miroir de reproches. « Trop de réalité », dirait l'admirable Annie Le Brun, qui m'a fait découvrir Günther Anders. Le vivant n'est pas toujours logique ! La Raison n'a pas toujours raison. Edgar Morin, homme de gauche revendiqué, reproche à Marx d'avoir une vision anthropologique unidimensionnelle : « Ni l'imaginaire ni le mythe, écrit-il, ne faisaient partie de la réalité humaine profonde. » « L'être humain était un *Homo faber*, sans intériorité, sans complexité. » Pour Marx, l'homme est « un producteur prométhéen, voué à renverser les dieux et à maîtriser l'univers[64] ». Convaincu de la rationalité de l'histoire, il ignorait l'aléa.

Les personnages d'André Malraux, Kyo et Garine, sont faits de ce bois-là. Ils croient en la mission historique du prolétariat. Pour Edgar Morin, cette mission n'est rien d'autre que « la transposition, sur nos vies terrestres, du

64. Edgar Morin, *Ma gauche*, François Bourin, 2010.

salut judéo-chrétien promis pour le Ciel[65] ». Revoilà donc le religieux. Chassé par la porte, il resurgit par la fenêtre. Et de fait, Marx, que l'on a pourtant vu critique si radical à l'encontre de toute transcendance, inaugure une nouvelle téléologie. Il y aurait bien une fin de l'histoire qui s'accomplirait dans l'avènement d'une société sans classes. L'incroyance totale serait-elle donc plutôt du côté d'une gauche modérée ou des « gauchistes conservateurs », puisque c'est ainsi qu'Edgar Morin se définit ?

Révolutionnaire sans révolution

L'introduction de cet autre personnage, le révolutionnaire issu du 1917 russe, tout d'un bloc, réputé peu accessible au doute et finalement par là même condamné à devenir stalinien, nous aide à reformuler la définition de notre homme de gauche né d'une hybridation politique lourde en effet de tous les déchirements. Ce qui le constitue est à la fois nécessaire et insuffisant. Les droits de l'homme nés de l'affaire Dreyfus sont consubstantiels à l'homme de gauche. Ils ne vont pas de soi pour le révolutionnaire, qui les subordonne à une fin qu'il juge supérieure. Il juge que les droits humains sont un cri de ralliement trop faible parce qu'ils ne disent rien en soi d'un déterminant essentiel : l'engagement social. Un engagement social qui ne soit pas fondé sur le compassionnel, mais clairement sur la reconnaissance de l'antagonisme capital-travail.

On voit là apparaître cette superbe mais douloureuse dialectique qui unit dans la devise républicaine la liberté et l'égalité. Une dialectique trop souvent inaboutie, qui divise autant qu'elle unit, et qui accompagne toute l'histoire de

65. *Ibid.*

la gauche entre ceux qui sont « plutôt liberté » et ceux qui sont « plutôt égalité ». Entre les deux, la tension a toujours existé, mais la révolution de l'Octobre russe a choisi. Ce sera, en théorie au moins, l'égalité. Or, l'avantage d'une tension, comme de la dialectique, c'est qu'elle résulte d'un mouvement dans lequel les deux termes antagoniques peuvent se réaliser en se dépassant.

L'histoire n'a guère montré d'exemple d'un tel dépassement. Avec le grand schisme de 1917, dont la version française sera le congrès de Tours de décembre 1920, les deux gauches seront au contraire figées et ancrées à jamais dans un antagonisme insurmontable, l'une se voulant « plutôt liberté » et l'autre « plutôt égalité ». Et la guerre n'a que rarement connu de trêves. L'un des tout premiers dirigeants du PCF, Albert Treint, voulait « plumer la volaille socialiste », et François Mitterrand a définitivement plumé le Parti communiste. Ce qui n'empêchera pas, pour un temps encore, les alliances et les compromis, mais interdira les fusions et les synthèses.

Ce qu'il faut retenir de cette histoire nous concerne directement. L'URSS s'est effondrée, le stalinisme a disparu politiquement – psychologiquement, on verra qu'il a la peau dure –, la révolution du type Octobre est définitivement décrédibilisée, mais le personnage du révolutionnaire « professionnel » est toujours parmi nous. Il a un défaut : il fait trop de politique. Il cultive l'entre-soi. Garine est toujours là, révolutionnaire sans révolution.

Chapitre 12
NOTRE DÉMOCRATIE MÉRITE-T-ELLE UNE RÉVOLUTION ?

Le concept de révolution est-il encore pertinent dans nos régions aujourd'hui ? L'écho des révolutions réelles nous vient d'ailleurs. Les révolutions arabes de 2010 et 2011 ont parfaitement répondu à la définition de Montesquieu : elles ont provoqué de brusques changements de régime, parfois éphémères, ou tenté d'y parvenir. La révolution ukrainienne de 2014 répondait à ces critères. Qu'elle fût chargée d'illusions en se précipitant dans les bras entrouverts de l'Union européenne est un autre problème. Enfin, quand des centaines de milliers de Biélorusses descendent dans la rue au péril de leur vie pour exiger le départ de l'autocrate Loukachenko, comment ne pas parler de révolution ?

On remarque que le trait commun des révolutions arabes, ukrainiennes, biélorusse ou encore hongkongaise, c'est l'exigence de démocratie. Presque partout, les soulèvements font suite à des élections truquées. On pense aussi au soulèvement iranien de 2009 dans un pays marqué par la grande révolution islamiste de 1979. La question révolutionnaire en pose donc immédiatement une autre : qu'est-ce que la démocratie ? Sommes-nous en démocratie ? Ou le sommes-nous si peu qu'une révolution serait aussi légitime aujourd'hui en France qu'elle l'est à Minsk ou à Beyrouth ?

Question délicate pour la gauche, celle du mouvement social, qui ne manque jamais une occasion, et à juste titre, de dénoncer le manque de démocratie dans la France de François Hollande et d'Emmanuel Macron. Et j'ai moi-même insisté sur le caractère antidémocratique du virage social-libéral des années Mitterrand, puis du consensus droite-gauche sur l'Europe de Maastricht. Sommes-nous pour autant en Syrie ou en Égypte ?

Démocratie de faible intensité

Le sentiment d'impuissance face à un pouvoir intransigeant et la colère qui en résulte produisent une analyse discutable sur l'état de notre démocratie. Certes, le pouvoir d'Emmanuel Macron est né d'une imposture politique qui s'affirmait « de droite et de gauche » – qui plus est dans des circonstances exceptionnelles résultant de l'effondrement du candidat de droite, François Fillon, pris dans une affaire de corruption. Et l'écart entre une légitimité faiblement acquise et l'ampleur de l'offensive antisociale a aggravé une crise démocratique ouverte avec l'affaire du référendum européen de 2005. Nous sommes face à un pouvoir mal élu, s'attaquant massivement aux acquis sociaux et réprimant violemment les manifestations. Nous sommes, c'est le moins que l'on puisse dire, dans une démocratie de faible intensité.

Pour autant, la France est-elle devenue une dictature ? Il faudrait sombrer dans un aveuglement ethnocentriste, et ne pas voir l'Égypte, la Syrie, Hongkong, la Biélorussie, pour oser l'affirmer. Nos élections ne sont pas encore truquées, nos dirigeants n'organisent pas encore des plébiscites les autorisant à rester au pouvoir à vie (ou presque), on n'empoisonne pas encore les opposants, comme en Russie, et, globalement, l'État de droit survit à de sérieux coups de canif régulièrement dénoncés par la Ligue des droits de l'homme. Nos concitoyens, dans leur grande majorité, ne se croient pas en régime dictatorial. Et ils ont raison. Nombreux parmi eux sont prêts à descendre dans la rue contre la réforme des retraites, mais ils ne manifestent pas pour la démocratie, ni même pour la démission du président de la République. La confusion entre cette démocratie malade et abaissée et une dictature peut conduire à des fautes morales, comme le refus de choisir entre Macron et Le Pen, c'est-à-dire prendre le risque de la dictature. Une forme d'opposition que pratique la gauche ne fonctionne plus, à force de se priver de tout discernement. En suggérant de plus en plus bruyamment que nous ne sommes pas en démocratie, nous risquons de rendre inintelligible une différence fondamentale.

L'exemple vient des peuples sous dictature. La révolution n'est possible que si des millions de nos concitoyens en ressentent la nécessité et même l'urgence. Il s'agit de rendre « la révolte logique » pour reprendre le titre d'une revue fondée par Jacques Rancière en 1975 (déjà). C'est Frédéric Lordon qui évoque ce titre inspiré du poème de Rimbaud *Démocratie*. Les révoltes logiques, écrit Lordon, ce sont ces révoltes « qui ne peuvent pas ne pas se produire » parce que « la situation est sans appel, intolérable et révoltante, au sens littéral du mot ». On repense à cet instant à la formule superbement matérialiste de Marx, pour qui « la révolution est un processus conservateur » au sens où elle procéderait de la nécessité de se « conserver » quand nous sommes menacés dans notre intégrité et dans notre être social. Nous n'en sommes pas là aujourd'hui, sauf conjoncturellement et pour des catégories sociales limitées. Les Gilets jaunes ont produit une forme limitée de révolution, avec des motivations composites, principalement sociales, mais aussi identitaires, exploitées par le Rassemblement national. La révolution, ce serait les Gilets jaunes à l'échelle de tout le pays. Ce n'est visiblement pas d'actualité.

Il faut peut-être ici citer Daniel Bensaïd, qui a su allier son engagement trotskiste à l'originalité de la pensée. Militant et intellectuel, il a toujours refusé l'entre-soi. Pour lui, « l'idée de révolution combine (au moins) trois dimensions : symbolique, sociale et stratégique[66] ». Il reconnaît que la portée symbolique « pâlit », « même si elle demeure ». Le contenu social se cristallise sur la question de la propriété. Et le philosophe regrette que les gouvernements de gauche d'aujourd'hui « considèrent la question des privatisations et de la propriété sociale comme purement technique et financière ». Il écrit ces mots en 1999, sous le gouvernement Jospin, qui, en effet, a beaucoup privatisé. Mais c'est la troisième dimension qui nous paraît la moins pertinente. La dimension stratégique de prise du pouvoir « et les moyens politico-militaires de l'atteindre ». Bensaïd convient aussi que cette acception est la plus discutable « parce que l'organisation spatiale de la politique se transforme » et que « la valeur d'exemple des expériences passées devient problématique ».

C'est dit avec délicatesse, mais cette dernière remarque est fondamentale. Elle nous dit que la révolution imitée de ce que nous a légué l'histoire n'est plus de saison. Le temps en revanche est aux émeutes, et à ce que l'on appelait au Moyen Âge et sous l'Ancien Régime les jacqueries. Irruptions de colères, paysannes à l'origine, qui ignorent

66. Daniel Bensaïd, *Une radicalité joyeusement mélancolique. Textes (1992-2006)*, Textuel, 2010.

toute finalité et sont vulnérables à toutes sortes de récupérations. Et j'aime bien la conclusion de Daniel Bensaïd: «Comme les militaires sont toujours en retard d'une guerre, [les révolutionnaires] sont toujours en retard d'une révolution (ou de deux). Mieux vaut le savoir pour rester attentif à l'inédit et à l'inouï[67].»

La démocratie dans tous ses états

La question démocratique est aussi centrale que délicate au sein de la gauche. On aurait tort de penser que «gauche» veut dire «démocratie». Un homme comme Jean-Luc Mélenchon ne manifeste pas un grand enthousiasme à cet égard. Certains de ses proches rapportent même qu'il a une profonde aversion pour toute référence à la démocratie. Mais le débat est plus complexe qu'il y paraît. On verra au chapitre des questions internationales que notre critique à l'égard de Mélenchon est d'une autre nature. Car il y a plusieurs raisons de s'opposer à ce que nous appelons aujourd'hui «démocratie». On peut pencher du côté de la dictature ou de l'autocratie; on peut pencher aussi du côté d'une démocratie approfondie qui refuse le système consensualiste imposant aux peuples des politiques libérales inégalitaires. Derrière cette première complication, on peut apercevoir la remise en cause de notre actuelle démocratie représentative au profit d'une démocratie directe ou d'un système donnant davantage la parole au peuple par des référendums révocatoires, des tirages au sort, voire des agoras délibératives qui nous renvoient à ce que la démocratie grecque avait de meilleur. Critiquer la démocratie actuelle n'est donc pas forcément faire vœu

67. *Ibid.*

de dictature. La critique est même légitime et nécessaire. Ne serait-ce que pour en finir avec cette Ve République et son système présidentialiste, par essence même hostile à la gauche, et qui donne une place importante à la séduction, aux affects et au marketing politique.

La complexité du problème n'est pas nouvelle. Le politologue québécois Francis Dupuis-Déri rappelle même que le mot « démocratie » a longtemps eu un usage péjoratif. Le deuxième président états-unien, John Adams, la définissait comme « un gouvernement arbitraire, tyrannique, sanglant, cruel et intolérable ». Le révolutionnaire Antoine Barnave, pourtant partisan très « démocratique » de la réunion des trois ordres et de la convocation des États généraux, fondateur très « à gauche » du club des Jacobins, n'hésitait pas à qualifier la démocratie de « plus grand des fléaux ». Il est vrai que Barnave était aussi un partisan de la colonisation et un raciste zélé, mais son point de vue était très répandu sous la Révolution. C'est évidemment la démocratie directe qui est alors visée. L'aristocratie, bien sûr, mais aussi une partie de la bourgeoisie révolutionnaire ont peur des agoras qui donneraient le pouvoir à un peuple émeutier. On craint la tyrannie des pauvres, mais on craint aussi le poids de démagogues habiles à manipuler les assemblées populaires.

La crainte est toujours fondée de nos jours. Parce que le suffrage universel auquel se réduit souvent la démocratie est le produit de processus culturels, de systèmes d'information de plus en plus sujets aux manipulations et aux fausses nouvelles. Les formes ont évolué, mais ni Trump, ni Poutine, ni les réseaux sociaux n'ont inventé la propagande. Sur fond de crise économique, de doute identitaire et de peurs collectives, un démagogue beau parleur peut toujours manipuler une opinion. Il suffit de lire *Le Monde d'hier*, le chef-d'œuvre de Stefan Zweig, pour comprendre comment une dictature peut vous encercler, vous envelopper, vous circonvenir, pour finalement vous terrasser. Et quand vient le réveil, il est trop tard. L'histoire même du « démagogue » illustre la difficulté qu'il y a pour le peuple à prendre conscience de la mystification. Avant d'être ce flatteur qui entraîne le peuple vers des chemins que celui-ci n'a pas choisis, n'oublions pas qu'il fut, dans la Grèce antique, le défenseur honnête des pauvres contre les riches. Il arrive parfois que le passage du démagogue réellement inspiré par le bien de la cité à l'imposteur intéressé par sa seule réussite soit difficilement perceptible.

Nos démocraties anémiées d'aujourd'hui ne doivent jamais nous faire perdre de vue que la menace rôde. Elle est extérieure à notre système, elle est aussi intérieure. À propos de la démocratie représentative, Rousseau a écrit dans *Du contrat social* des mots définitifs, et dramatiquement modernes : « Le peuple anglais pense être libre ; il se trompe fort, il ne l'est que durant l'élection des membres du Parlement ; sitôt qu'ils sont élus, il est esclave, il n'est rien. » « Esclave », le mot est fort, mais dupe et réduit à l'impuissance, sans aucun doute. Sauf à se révolter. On a vu la longue cohorte des trahisons qui corroborent le pessimisme de Rousseau, et sa sombre vision de la démocratie. C'est que la démocratie ne connaît pas d'accomplissement absolu. C'est un mouvement perpétuel. Et si nous nous perdons dans un labyrinthe de fausses solutions, c'est parce qu'il n'y a pas de vérité purement institutionnelle sans justice sociale ni liberté.

Un révolutionnaire américain qui fut médecin dans l'armée indépendantiste, Thomas Tudor Tucker, a magnifiquement défendu l'aptitude du peuple à la démocratie dans un texte qui date de 1784 : « C'est devenu une idée reçue que plus la société tend vers la démocratie [...] et plus elle dégénère dans l'anarchie et la confusion. C'est généralement l'humeur capricieuse des gens qui en est tenue pour responsable, car on les dit prompts à l'émeute lorsqu'on leur accorde trop de liberté[68]. » Et Tucker réfute l'idée qu'il faudrait une main de fer. Non seulement il se refuse à croire « que la démocratie produira du désordre et du tumulte », mais il se dit porté à croire que « les gens sont satisfaits assez facilement quand aucune injustice ne les frappe ». Et il conclut : « C'est aux oppresseurs et non aux opprimés que les problèmes doivent être attribués [...], et les gens ont le droit de se plaindre aussi longtemps qu'on leur dérobe n'importe quelle portion de liberté. » Texte idéaliste, sans doute, qui fait fi de la propagande pouvant égarer le peuple et le conditionner contre ses vrais intérêts, mais qui a le mérite de donner son contenu social à la démocratie, qui ne peut jamais être une pure forme.

Dans la gauche d'aujourd'hui, La France insoumise a le mérite, en ce domaine comme en d'autres, d'avoir élaboré une réflexion sur le sujet, quoi qu'on en pense par ailleurs. On ne peut qu'approuver la critique qui est faite de la Ve République : toute-puissance d'un président qui, aussitôt élu, n'est plus responsable devant personne – ni devant le Parlement ni devant le peuple ; qui peut dissoudre l'Assemblée et ignorer le peuple, voire lui envoyer CRS et gendarmes mobiles en cas de protestation. La France insoumise propose donc l'élaboration d'une VIe République par un processus constituant.

Le mouvement de Mélenchon s'inspire d'exemples révolutionnaires. C'est une Assemblée constituante qui, de

---

68. Cité par Francis Dupuis-Déri, *Démocratie. Histoire politique d'un mot*, Lux, 2013.

juillet 1789 à septembre 1791, a pensé la Ire République. La Constitution de la IIe République en 1848 et les lois constitutionnelles de la IIIe en 1875 ont été rédigées au terme de processus similaires. Plus près de nous, la IVe République a été construite de la même façon en 1946. Mélenchon, fervent admirateur de la gauche sud-américaine, a pu voir au Venezuela, en 1999, puis en Bolivie et en Équateur des schémas semblables instituer de nouveaux régimes. L'Islande, après la grande crise de 2008, et la Tunisie, après la révolution de 2010-2011, ont suivi le même chemin. On est donc loin d'une utopie.

La question qui vient ensuite à l'esprit est celle des régimes qui ont été institués ainsi, notamment en Amérique latine. Le processus constituant peut-il être tenu pour responsable des dérives antidémocratiques ultérieures ? Rien ne permet de l'affirmer. Mais LFI va plus loin dans l'imitation du modèle vénézuélien d'Hugo Chávez, en reprenant l'idée du référendum révocatoire. L'idée est séduisante. Elle est une réponse à la forte critique de Rousseau à propos de la démocratie anglaise de 1689. Avec le référendum révocatoire, le peuple cesse d'être « rien » au lendemain de l'élection du Parlement ou du président.

Le pouvoir de révocabilité nous ramène à la précieuse notion de mandat : l'élu a un mandat à respecter. Mais on aperçoit là aussi les risques du système. À l'issue d'une effervescence électorale permanente, les gouvernements risquent de tomber comme des mouches. Pour parer ce risque, il faut jouer sur le seuil à partir duquel le processus référendaire pourrait être déclenché. Une fois le scrutin ouvert, il faudrait, pour obtenir la révocation, que le nombre de suffrages exprimés en faveur de la destitution soit supérieur au score de l'élu lors de son élection. Les auteurs du projet estiment que ce référendum révocatoire changerait la relation de l'électeur à l'élu et ferait obligation à celui-ci de respecter ses engagements. Ils ont probablement formellement raison. Politiquement, la réponse est moins évidente. Car comment juger de l'adéquation de la politique suivie avec les engagements pris ? Quel est le poids des circonstances ? L'importance des obstacles rencontrés dans l'exercice du pouvoir ? Des excuses qu'un gouvernant pourrait plus ou moins légitimement invoquer. Avec le risque d'être victime de groupes de pression capables, pour servir leurs intérêts particuliers, d'entraîner une frange importante de la population. Sans compter que le jugement qu'un électorat peut porter sur la sincérité d'un élu est très subjectif.

Il faut aussi parler de la sincérité de ceux qui mettront en place un tel système. L'exemple des pays d'Amérique latine n'est guère encourageant. Hugo Chávez et son successeur, Nicolás Maduro, et le Bolivien Evo Morales, auteur d'un coup de force constitutionnel, n'offrent pas, c'est le moins que l'on puisse dire, des garanties démocratiques très probantes.

C'est le drame général de la gauche que de manquer de référence durablement positive. Le meilleur exemple de cette éternelle frustration, c'est évidemment la révolution russe. Roger Martelli a raison de rappeler que les soviets ont, à l'origine, réalisé une synthèse entre « la centralisation rigoureuse que réclament les Jacobins de 1793 » et « la démocratie directe telle que les communards l'ont proposée encore en 1871[69] ». Mais, conclut l'historien, « les désenchantements viendront bien vite ».

69. Roger Martelli, *1917-2017. Que reste-t-il de l'Octobre russe ?, op. cit.*

Chapitre 13
LE PROGRÈS TOUJOURS EN QUESTION

On a trop tendance à penser que le progrès ne constitue plus un problème au sein de la gauche, et qu'il n'est plus « une question qui fâche ». Les écologistes, bien sûr, le nouveau Parti socialiste, La France insoumise ont tous accepté, au moins en théorie, de renoncer au productivisme. Ils considèrent tous que la croissance ne doit plus être regardée comme une fatalité qui mesure l'état de notre société. Bernard Stiegler a introduit le concept de « mécroissance », qui sépare le bon grain de l'ivraie. Car il ne peut s'agir non plus d'une décroissance aveugle. L'adhésion au principe d'une croissance socialement utile et écologiquement tenable est urgemment indispensable. Autant de considérations qui font à peu près consensus. Mais, en pratique, beaucoup de dossiers relancent le débat sur le progrès. Les questions de l'énergie et du nucléaire, celle des pesticides, l'affaire de la 5G et, plus généralement, de l'extension du numérique sont conflictuelles même au sein de la gauche.

Nous ne sommes plus ici dans des questions de principes, mais au milieu du gap entre l'écologie et le social, entre ce que nos sociétés peuvent accepter de sacrifices pour répondre rapidement aux impératifs écologiques et ce à quoi elles ne peuvent consentir sans des transformations de structures sociales qui placent la question du partage des richesses comme préalable à la transition écologique.

Le mythe prométhéen

Le progrès tel que nous le comprenons aujourd'hui est surtout une invention de la société industrielle. C'est évidemment d'abord une idée du XVIIIe siècle et des Lumières, même s'il se présentait sous d'autres noms. Ce que souhaitent les esprits les mieux éclairés de notre époque, ce n'est pas une réfutation généralisée de l'idée de progrès, mais du discernement. Aux Amish, référence caricaturale d'Emmanuel Macron, il est évidemment facile de rappeler les progrès prodigieux de la médecine, pour ne citer que cet exemple. Et ce n'est pas au moment où la planète voit enfin arriver des vaccins contre le coronavirus que nous allons jeter aux orties science et progrès. Mais le XXe siècle a été aussi celui d'un intense et tardif questionnement qui avait été initié par Rousseau. L'auteur du *Contrat social* ne l'appelait pas « progrès », mais « perfectibilité ». Il en faisait l'essence de l'espèce humaine. Le mot était remarquablement choisi. Alors que le progrès n'induit que le mouvement, quelles que soient sa direction et sa finalité, la perfectibilité est chargée d'un contenu positif. L'humain se veut et se pense perfectible. Mais Rousseau aperçoit malgré tout l'ambivalence du terme : « Il serait triste pour nous d'être forcés de convenir que cette faculté distinctive et presque illimitée est la source de tous les malheurs de l'homme [...], que c'est elle qui, faisant éclore avec les siècles ses lumières et ses erreurs, ses vices et ses vertus, le rend à la longue tyran de lui-même et de la nature[70]. »

---

70. Jean-Jacques Rousseau, *Discours sur l'origine et les fondements de l'inégalité parmi les hommes*, Bordas, 1985.

Un progrès qui fait de nous des tyrans de la nature : voilà de la part de Rousseau une excellente introduction à la critique écologique du progrès. Pour les écologistes, le progrès, élevé au rang de « gros principe » par les positivistes du XIXe siècle et les scientistes du XXe, nous piège dans une illusion prométhéenne suicidaire pour notre espèce. Pour les positivistes, le progrès est intrinsèquement vertueux. L'ancêtre de la pensée écologiste, qui associe progrès scientifique et éthique, n'est autre que Rabelais. On connaît ses deux propositions sublimes tirées de *Pantagruel* : « La sagesse ne peut pas entrer dans un esprit méchant, et science sans conscience n'est que ruine de l'âme. »

La seconde proposition, bien connue, est indiscutable. La première, hélas, n'est plus exempte de critiques. Il arrive assez souvent que le savoir – la « sagesse », dans le lexique de la Renaissance – entre « dans un esprit méchant ». Le XXe siècle l'a montré à l'envi. La bombe qui a anéanti une partie d'Hiroshima, le transhumanisme qui joue les apprentis sorciers avec le corps humain et son cerveau sont l'œuvre d'esprits et méchants et savants, c'est-à-dire qui n'ont pas su penser la découverte scientifique en termes éthiques. Sans bioéthique, le progrès est livré aux « esprits méchants » ou emportés par l'élan prométhéen. Le poème d'Eschyle a inspiré de nombreux auteurs : de Mary Shelley, la créatrice de Frankenstein, à Robert Louis Stevenson, auteur de *Dr Jekyll et Mr Hyde*. C'est toujours l'ivresse de la connaissance qui perd un chercheur devenant à sa manière un « voleur de feu ». Prométhée est puni par Zeus, mais c'est la nature qui punit les humains de leur *hubris*. Il n'est pas difficile de voir aujourd'hui les multiples transpositions du mythe prométhéen dans le monde du XXIe siècle. La terrible pandémie du Covid-19, qui a emporté plus d'un million et demi de vies humaines en 2020, a pour possible origine, selon les thèses les plus sérieuses, la destruction par l'homme d'un écosystème qui a rapproché des animaux de la ville. La fonte du permafrost va libérer à n'en pas douter de nouveaux virus. Car la transposition la plus manifeste du mythe est évidemment la question du réchauffement climatique.

Mais bien d'autres « progrès » scientifiques ou technologiques s'imposent à nous comme le produit inexorable de la marche du temps, sans susciter de réflexions préalables. Nous commençons à peine à nous interroger sur les conséquences de la prolifération des écrans sur nos cerveaux, et la déréalisation du monde qu'ils instillent dans l'intelligence de nos enfants. La vitesse de communication induite par Internet est toujours regardée comme un formidable progrès – ce qu'elle est à bien des égards – alors qu'elle a permis, entre autres révolutions, la circulation d'une finance soudain mondialisée. Le questionnement philosophique sur les effets, et la nécessité supposée, de la 5G est encore ultra-minoritaire et regardé comme un anachronisme. Quel meilleur symbole pourtant de la fuite en avant du capitalisme libéral ! Quand la technologie est confisquée par le marketing et l'appât du gain sans que la finalité humaine soit interrogée… Et je n'aborde pas ici la question des nouvelles armes, comme ces drones devenus assassins technologiques à distance, quand se confondent la mort virtuelle et la mort bien réelle. Le progrès !

L'héritage de Günther Anders

Inutile d'en dire davantage parce qu'un philosophe au moins a dit l'essentiel, qui ne connaissait ni les drones ni

Internet : Günther Anders. Auschwitz et Hiroshima lui ont suffi, si j'ose dire, pour nous inviter à une nouvelle épistémologie. Les écologistes se revendiquent légitimement de son héritage. Le philosophe a porté un coup décisif à la notion de progrès en tant que concept univoque et « bon par essence ». Sa critique de la technologie ne peut être évidemment tenue, en tant que telle, pour une mise en cause des acquis philosophiques des Lumières et de la Révolution. C'est en revanche une critique définitive de l'usage idéologique moderne aveugle des grands principes révolutionnaires, après que l'histoire les eut mis si rudement à l'épreuve. Anders, poussant plus loin encore sa critique du progrès, a même anticipé les théories transhumanistes. Mieux que quiconque, il a dénoncé la croyance dans un salut par un progrès technologique qui ne nous permettrait pas de nous resocialiser, de nous rapprocher les uns des autres.

La critique écologique du progrès anticipe la critique économique de la croissance. Anders est le philosophe de la lucidité, c'est-à-dire du pessimisme. Mais un pessimisme espérant, quoi qu'il en ait dit. Être conscient des périls, imaginer le pire n'est pas toujours une attitude paralysante. Le meilleur exemple en fut donné par le mot terrible du cinéaste Billy Wilder, Juif allemand avant de devenir américain : « En 1938, à Berlin, il y avait deux catégories, les optimistes et les pessimistes. Les premiers disaient "ça va s'arranger", les seconds "ça va mal finir". Les seconds ont fini à Hollywood, les premiers à Auschwitz. » Anders fait partie des pessimistes de Billy Wilder, ceux qui nous sauvent.

À Anders il faut évidemment associer Hannah Arendt, qui, dans sa *Condition de l'homme moderne*, décrivit admirablement l'inexorable et mortifère mécanique du progrès : « Il se pourrait, créatures terrestres qui avons commencé à agir en habitants de l'univers, que nous ne soyons plus jamais capables d'exprimer et de comprendre, c'est-à-dire de penser et d'exprimer, des choses que nous sommes cependant capables de faire[71]. » Nous avons une tendance irrépressible à créer tout ce dont nous sommes capables, et à nous en servir. Et dans sa préface à l'une des œuvres majeures d'Anders, le philosophe Jean-Pierre Dupuy, spécialiste de l'éthique des sciences, conclut : « Nous savons que la catastrophe va se produire, mais nous ne croyons pas ce que nous savons[72]. » Cette phrase magistrale est cependant critiquable d'un point de vue marxiste. Si elle s'applique au commun des mortels, elle n'opère pas pour les plus cupides des capitalistes, les financiers par exemple. Certains d'entre eux sont des ignorants absolus, barbares et climato-sceptiques, comme Donald Trump. Mais la plupart savent et croient ce qu'ils savent, mais n'en ont cure, au nom d'une antimorale de la jouissance absolue de l'immédiat et d'un « malthusianisme » social. Ceux-là invitent plus au combat politique qu'à de vains appels à la prise de conscience. C'est en cela que l'écologie ne peut être que de gauche.

Et puis il y a le cas très élitaire du physicien américain Robert Oppenheimer. Nous avons affaire là à une autre figure du progrès finalement amorale. Ni cupide ni indifférent à ses contemporains et à ses « frères humains qui après nous vivront », pour paraphraser François Villon, mais emporté par sa propre science. L'antihéros prométhéen absolu. Ancien compagnon de route du Parti communiste américain, engagé dans la défense des républicains

71. Hannah Arendt, *Condition de l'homme moderne*, Calmann-Lévy, 1961.
72. Préface à Günther Anders, *Hiroshima est partout*, Seuil, 2008.

espagnols, il devient pourtant le père de la bombe atomique états-unienne. Sa vie de grand physicien et ses tourments intérieurs témoignent de toute l'ambivalence prométhéenne. Après la mise au point de l'arme effroyable qui allait produire l'apocalypse sur Hiroshima et Nagasaki, il dira en citant la Bhagavad-Gita hindoue : « Maintenant, je suis devenu la mort, le destructeur du monde. » L'humanité venait d'entrer dans une nouvelle ère, celle de sa possible autodestruction.

Le dilemme social

Le progressisme historique mérite d'être passé au même filtre de la raison raisonnable. « Il faut s'enlever de la tête, dit Régis Debray, un temps mécanique et prédestiné qui [nous] est d'avance acquis où le progrès joue gagnant à tous les coups. » Et Debray ajoute cette remarque subsidiaire : « En signe de deuil, notre appétence patrimoniale est décuplée », jusqu'à produire un véritable « accablement commémoratif[73] ». À tort, nous penserions n'avoir plus d'avenir et nous nous reporterions vers un passé sacralisé. Il appartient précisément à la gauche de réfuter cette thèse mortifère en réinventant l'avenir.

La question du progrès produit à gauche une redoutable illusion. Elle paraît philosophiquement réglée. De ce point de vue, la culture écologiste a triomphé. Peu de femmes et d'hommes de gauche défendent encore l'idée d'un progrès aveugle. Même cette gauche, communiste ou insoumise, venue du productivisme a opéré sa mue intellectuelle. Mais, en pratique, c'est plus compliqué. La question persiste,

73. Régis Debray, *Allons aux faits. Croyances historiques, réalités religieuses*, Gallimard, 2016.

renouvelée et transférée sur le terrain économique et social. Et c'est même toute la question de la transition écologique. L'affaire des néonicotinoïdes illustre ce dilemme. On l'a vu resurgir avec le recul de la majorité macronienne, qui a reporté l'interdiction d'un insecticide détruisant les abeilles. La filière betteravière s'est mobilisée en exigeant de pouvoir utiliser les néonicotinoïdes contre des pucerons qui attaquent les plants de betteraves. La filière betteravière et sucrière représentant 46 000 emplois, la question sociale a été mise en avant. Les écologistes ont souligné que la filière est surtout victime de l'arrêt des quotas européens sur le sucre et de l'alignement sur les cours mondiaux. La betterave sucrière serait davantage victime de la mondialisation libérale que du puceron *Myzus persicae*... Il n'en reste pas moins vrai que le sujet est complexe et que l'on ne peut négliger le sort de toute une filière agricole et de l'industrie qui en dépend. Mais qui peut affirmer ici que le « progrès », c'est l'insecticide tueur d'abeilles ? La question politique des aides compensatoires et des alternatives est ici posée avec acuité. Céder sur l'interdiction des néonicotinoïdes, c'est céder sur le principe même de la transition écologique. On pourrait évidemment prendre des dizaines d'autres exemples.

Plus complexe est le cas du nucléaire. Il en va non seulement de l'emploi de 220 000 travailleurs, mais aussi de l'alimentation du pays en énergie, alors que les alternatives sont pensées depuis trop peu de temps par les pouvoirs. En outre, les « nucléaristes » tiennent leur argument écologiste : le nucléaire ne dégage pas de CO_2. Mais il pose beaucoup d'autres questions sur sa dangerosité et le traitement des déchets.

Le travail, entre réalités et utopie

Un débat plus complexe encore divise la gauche autour de la question centrale du travail. Si la revendication de réduction du temps de travail fait à peu près l'unanimité, parce qu'elle est historique et consubstantielle au mouvement ouvrier et qu'elle associe de surcroît la pensée écologiste et la pensée sociale, elle pose problème quand la mutation se situe aux confins du réalisme et de l'utopie. Mais commençons par le réalisme. Comme nous l'avons vu, les 35 heures, installées de façon malheureusement chaotique par Martine Aubry, alors ministre de l'Emploi et de la Solidarité de Lionel Jospin, sont sans doute la dernière réforme sociale de l'histoire sociale-démocrate. La loi, hélas, a été en partie vidée de sa substance par l'annualisation de la durée du travail, souhaitée par le patronat. Cette concession a affaibli l'impact de la réduction du temps de travail en la rendant moins visible sur l'unité de temps pour laquelle elle avait été conçue (la semaine). Elle a surtout permis au patronat, mais aussi à l'État (c'est l'exemple des hôpitaux), de détourner les 35 heures de leur objectif initial : la création d'emplois. C'est la raison pour laquelle le bilan a fait l'objet de débats au sein même de la gauche. D'un point de vue politique, la social-démocratie renouait avec sa tradition réformiste sur une thématique identitaire de la gauche : rappelons que la journée de 10 heures a été instaurée par la révolution de 1848 et la semaine de 40 heures adoptée par le Front populaire, comme la conquête des congés payés. Mais les 35 heures ont été loin d'épuiser le débat sur le travail, plus que jamais emblématique de l'idée que chacun se fait de la société de demain.

Pendant la campagne présidentielle de 2017, le socialiste Benoît Hamon a eu le mérite – et, il faut bien le dire, le courage – de relancer la question du revenu universel d'existence (RU) dans un climat d'hostilité quasi générale. Hamon s'est appuyé sur un constat d'évidence : la mutation du travail, sa raréfaction dans certains secteurs en raison de l'automatisation de la production et de la robotisation. Depuis, le confinement qui a été imposé à nos sociétés pendant la crise du Covid-19 a accéléré un processus de transformation des conditions de travail (qui s'est largement effectué à distance) et des rapports sociaux. L'emploi et le travail salariés sont ainsi condamnés à reculer. Et le candidat Hamon posait alors la question : dans ces conditions, le salaire peut-il rester l'instrument principal de l'émancipation ? L'utilité sociale ne pouvant plus se mesurer exclusivement à la production de biens ou de services marchands, le RU devient le moyen de soustraire les individus aux logiques marchandes, dont l'essence même est la vente de la force de travail. Décorrélant le travail de l'emploi, il libère l'individu dans la gestion de son temps et rémunère le travail bénévole ou domestique.

Dans le sillage d'André Gorz, le philosophe Bernard Stiegler a approfondi ce questionnement avec, en quelque sorte, une revendication transitoire : la généralisation du statut des intermittents du spectacle. Au lieu d'être perçu comme un fardeau pour la société, voire comme un « privilège », ce système de rémunération hors période d'emploi – que tous les gouvernements tentent de rogner – deviendrait ainsi le modèle d'une révolution sociale. Pour Stiegler, le temps hors emploi n'est pas du « temps libre », à l'inverse de ce que suggérait le ministère du même nom créé par François Mitterrand, mais un travail d'utilité sociale non attaché au salariat. Cette utilité sociale pouvant aller jusqu'à l'enrichissement culturel de tout un chacun. Mais Stiegler, l'ancien communiste, voyait aussi la critique que pourraient formuler les syndicats et les partis de gauche, qui redoutent que cette histoire de revenu universel ne fasse les affaires du patronat et des libéraux, lesquels verraient là l'occasion d'accentuer la tendance actuelle à la flexibilisation du travail.

La question du seuil du revenu universel n'est pas non plus accessoire. À bas niveau, il risque de se substituer de façon déficitaire aux aides publiques et à tout le système de protection sociale. Benoît Hamon suggère un montant de 750 euros mensuels. La question ne peut donc se poser que dans le cadre d'une véritable mutation sociale. Faute d'être le produit d'un mouvement social qui craint légitimement la récupération du patronat, le RU pourrait bien cependant s'imposer plus vite qu'on ne le croit en raison des mutations objectives du travail.

En attendant la réalisation de cette utopie réaliste, la revendication d'une nouvelle réduction du temps de travail sans perte de salaire est toujours d'actualité, du moins dans le discours de plusieurs courants de la gauche. L'objectif des 32 heures hebdomadaires mobilise notamment les écologistes, mais aussi le mouvement Nouvelle Donne, de Pierre Larrouturou. La revendication se heurte néanmoins à la doxa libérale, qui préconise au contraire l'augmentation du temps de travail. C'est un bon marqueur du clivage droite-gauche en ce qu'il pose la question du taux de profit et *in fine* du partage des richesses.

Le retour de la social-démocratie dans ce débat serait évidemment un indice de sa mutation. Mais la question du travail est surtout une ligne de fracture potentiellement dangereuse entre une gauche héritière du Parti communiste, liée notamment à la CGT, et un mouvement écologiste enclin à penser l'avenir plus lointain du travail dans les pas de Gorz et de Stiegler, et lié davantage à la CFDT. Cette différence de temporalité rend le débat difficile. La posture la plus révolutionnaire, celle qui pense la transformation du travail, voire sa fin, est aussi celle qui offre le plus de prise à la récupération libérale. On retrouve ici une opposition bien connue entre « première » et « deuxième » gauche. Le précédent du rocardisme, grand incubateur d'idées autour de la thématique de la transformation du travail, et finalement fourvoyé dans le néolibéralisme au nom de la modernité, incite à la prudence.

Chapitre 14
LA GAUCHE ET LE CHAOS DU MONDE

L'analyse de l'état du monde n'est pas la moindre question qui devrait fâcher au sein de la gauche. Mais il faut bien reconnaître que la fâcherie n'est pas trop violente. Tout oppose deux pôles difficilement conciliables, mais personne n'en fait un drame. Est-ce une caractéristique française que cette relative indifférence aux questions internationales tant qu'elles ne bousculent pas notre quotidien? D'un côté, un regroupement écolo-socialiste en gestation, pro-européen, hostile à toutes les formes de populisme et d'illibéralisme à la Poutine ou à la Orbán; de l'autre, un pôle souverainiste mû surtout par l'anti-américanisme – un clivage qui retrouve peu ou prou les lignes de partage de la guerre froide. Il est piquant de constater qu'après tant de bouleversements, après la chute du mur de Berlin, l'effondrement de l'Union soviétique, les transformations du monde arabe, la trumpisation d'une partie des États-Unis et la montée en surpuissance de la Chine, on en revient à un antagonisme qui rappelle furieusement l'opposition entre la mouvance sociale-démocrate et l'univers communiste du siècle dernier.

Pourtant, les fondements historiques de ce partage n'existent plus. Les États-Unis sont affaiblis par une profonde crise morale et, si leurs visées impériales n'ont pas disparu, elles se sont reportées aujourd'hui sur le terrain commercial dans une guerre sans merci avec la Chine. Depuis la catastrophique aventure irakienne en 2003, l'Amérique d'Obama, de Trump et probablement de Biden tend à se désengager militairement des principales zones de conflit. Non sans tenter de solder ces conflits à son profit ou au profit de ses alliés, comme c'est le cas en Israël-Palestine. De l'autre côté, Poutine n'a plus rien à voir idéologiquement avec une URSS même stalinisée. Les acquis sociaux de la révolution de 1917 ont été liquidés, et il ne reste plus à Moscou que des traditions policières héritées du KGB, dont Poutine fut un agent et dont il a gardé les mœurs expéditives à l'encontre de ses opposants. Rien qui le rende particulièrement aimable aux yeux d'un homme de gauche français. On ne voit donc pas très bien à quoi pourraient se référer aujourd'hui des forces politiques françaises engagées dans un fantomatique conflit Est-Ouest.

Europe fédérale ou Europe des nations ?

À gauche, la vraie opposition sur les dossiers internationaux, la seule en vérité qui fasse du bruit, porte sur la question européenne, en ce qu'elle touche à l'État, à la souveraineté nationale et à la démocratie. Comme il y a deux gauches et deux France, il y a deux Europe. Europe Écologie-Les Verts est un parti à vocation fédéraliste. Les écologistes projettent une Europe des régions qui, à terme, rendrait obsolète l'État-nation. Les insoumis et les communistes restent, au contraire, très jacobins dans l'âme, et patriotes sinon nationalistes. Leur discours, qui est de ce point de vue plus conservateur, est davantage en phase avec l'opinion. Côté écologiste, on agit pour améliorer les institutions dans l'Europe telle qu'elle est. On est convaincu de pouvoir agir «dans l'état actuel des traités», comme le disent les documents de campagne des élections européennes de 2019. De cette Union européenne, les écologistes veulent améliorer la démocratie, favoriser les initiatives citoyennes et faire barrage aux lobbys. Du point de vue institutionnel, ils veulent la fin de l'unanimité dans les processus de prise de décision. Ce qui revient à créer discrètement un pouvoir qui s'imposerait aux États-nations. Leur position fédéraliste a été renforcée par la situation de blocage créée fin 2020 par la Hongrie, la Pologne et la Slovénie[74]. En cohérence, les écologistes veulent la création d'un véritable budget européen ainsi que la mutualisation des dettes publiques, dont on a vu une première expérience, limitée et conjoncturelle, au moment de la crise du Covid-19.

Face à La France insoumise et au Parti communiste, on peut dire que c'est l'opposition française historique Girondins/Jacobins qui est portée au niveau européen. Deux cultures profondément différentes. Cela n'empêche pas les deux grands courants de la gauche de se retrouver dans une même exigence pour que soit mis fin aux accords de libre-échange, qui donnent le pouvoir aux multinationales en leur permettant de recourir à des règles instaurées par des tribunaux d'arbitrage privés. Dans le collimateur, les traités Tafta, Ceta et Tisa avec les États-Unis et le Canada sur les biens et les services[75]. Une convergence

74. Ces trois pays ont posé leur veto au plan de relance européen parce que celui-ci était conditionné au respect de principes de droits humains auxquels ils ne voulaient pas se conformer.
75. Tafta : accord commercial Union européenne-États-Unis ; Ceta : accord UE-Canada ; Tisa : projet d'accord sur le commerce et les services négocié au niveau de l'Organisation mondiale du commerce.

existe aussi évidemment dans la lutte contre le dumping fiscal et le moins-disant écologiste.

Les différences de perspectives ne devraient donc pas faire obstacle à une candidature commune à la présidentielle de 2022. Même si la critique européenne de La France insoumise est beaucoup plus radicale, allant jusqu'à menacer d'une sortie de la France de l'Union si les traités ne sont pas renégociés. Une menace que la candidate de LFI, Manon Aubry, avait mise en sourdine lors de la campagne européenne de 2019, jugeant sans doute qu'il n'était pas très opportun d'exposer cette stratégie au moment même où le Royaume-Uni était englué dans son Brexit. Si les écologistes souhaitent, à plus long terme, l'élection d'une Assemblée constituante européenne « pour une refondation complète du cadre institutionnel actuel », ils ne brandissent jamais la menace d'ouvrir une crise majeure qui ferait éclater l'Union européenne. Un autre clivage historique se retrouve donc ici entre réformistes et postcommunistes. Les insoumis reprochent au triptyque proposé par les Verts pour leur projet européen – « démocratie, droits humains, environnement » – de ne pas mettre explicitement l'accent sur la question sociale, au risque d'une récupération par le néolibéralisme. La stratégie de LFI est plus de nature à faire « turbuler » le système, pour reprendre une expression chère à Jean-Pierre Chevènement.

Hélas, la malheureuse expérience grecque et la rapide capitulation de François Hollande devant l'Allemagne en 2012 prouvent qu'il y a loin de la coupe aux lèvres quand on annonce, bravache, que l'on va imposer ses conditions à l'Union européenne, et notamment à l'Allemagne. Il faudrait une grande force de caractère pour y parvenir : Jean-Luc Mélenchon n'en manque pas. Il faudrait aussi un soutien massif de l'opinion : c'est imaginable. Mais que se passerait-il le jour d'après ? L'implosion de l'Union européenne est, il ne faut pas l'ignorer, le rêve à peine secret de Vladimir Poutine.

Chapitre 15
MÉLENCHON OU LA TENTATION HÉGÉMONIQUE

Quiconque s'intéresse à l'avenir de la gauche dans la France de ces années 2020 se doit de faire une place particulière à Jean-Luc Mélenchon. Il en fut déjà plusieurs fois question dans les pages précédentes, mais il est temps d'analyser son discours de façon plus globale.

En dix ans d'action politique hors du Parti socialiste, Jean-Luc Mélenchon a autant enchanté la gauche qu'il l'a désespérée. Fondateur en 2008 d'un Front de gauche en alliance avec le PCF, puis à l'initiative, en 2012, d'une création originale dans le paysage politique, La France insoumise, il a connu deux moments de gloire qui ont fait croire à la possibilité de renaissance d'une gauche authentique. Candidat à la présidentielle de 2012, il avait réuni sur son nom près de 4 millions de voix, soit 11,1 % des suffrages exprimés, reprenant peu ou prou le flambeau abandonné par un PCF qui avait largement trouvé avantage à faire campagne avec lui. Il devait faire beaucoup mieux encore à la présidentielle de 2017, recueillant sous l'étiquette de son nouveau mouvement, La France insoumise, plus de 7 millions de voix, soit 19,58 % des suffrages, terrassant au passage le candidat socialiste Benoît Hamon (6,36 % des voix). Auteur d'une brillante campagne où ses adversaires de droite, et la plupart des médias, avaient dû reconnaître ses talents d'orateur, Mélenchon se trouvait au soir du premier tour, le 23 avril, à la tête d'un patrimoine politique comme la gauche radicale n'en avait plus connu depuis l'amorce du déclin électoral du PCF, en 1981, avec Georges Marchais. Avec cette différence notoire que Mélenchon n'était devancé par aucun candidat socialiste, même si le positionnement ambigu d'Emmanuel Macron avait permis au futur président d'attirer à lui beaucoup d'électeurs traditionnels de la gauche modérée.

Qu'allait faire Mélenchon de cette position avantageuse? Ce 23 avril 2017 serait-il la date historique d'un nouveau départ pour la gauche, qui plus est une gauche radicale, ou bien le début de la fin d'une aventure sans lendemain? Première esquisse de réponse qui n'a pas manqué de déconcerter : il refuse de choisir pour le second tour entre le centriste Emmanuel Macron et la candidate d'extrême droite Marine Le Pen.

Erreurs politiques

Cette meurtrière ambiguïté en annonçait d'autres ayant toutes leur logique. L'antilibéral Mélenchon, qui avait construit sa campagne contre le pouvoir socialiste sortant, était en peine d'appeler à voter pour un homme, Emmanuel Macron, qui en était encore une figure marquante. Ce trouble stratégique en avait fait perdre au candidat de LFI les « fondamentaux » d'un homme de gauche. Comme me l'avait confié à l'époque l'un de ses proches qui s'apprêtait à voter en ce second tour pour le candidat de La République en marche : « Macron, au moins, lui, ne mettra pas le feu au Reichstag. » Ou pour le dire autrement : il ne fera pas entrer place Beauvau un de ces idéologues fascisants qui entouraient Marine Le Pen. Sans aller jusqu'à l'incendie du Reichstag – provocation qui permit à Adolf Hitler de liquider toutes les libertés publiques –, il est facile d'imaginer ce que serait pour le mouvement social un ministre de l'Intérieur fascisant à la tête des compagnies de CRS, et ce qu'il serait pour les immigrés. Cette neutralité dans un duel entre un représentant de la démocratie libérale et un mouvement d'extrême droite aux origines pétainistes et colonialistes n'était pas sans rappeler ce que fut, dans une situation infiniment plus dramatique, l'attitude du parti communiste allemand en 1929, préférant Hitler au « social-fascisme » du Parti social-démocrate allemand (SPD).

En vérité, la fausse indécision de Mélenchon au soir du premier tour de la présidentielle de 2017 renvoie à un mal profond qui ne va cesser d'empoisonner sa pratique politique au cours des années suivantes. On en avait vu les prémices, déjà, dans l'étonnante sollicitude manifestée à l'égard de Donald Trump. Plutôt ce suprémaciste raciste et homophobe que la libérale Hillary Clinton ! Non qu'il ait adhéré un seul instant à l'idéologie de ce personnage, mais la tentation de faire mordre la poussière à la candidate du « système » était trop forte. Sur le plan de la logique formelle, le raisonnement peut d'ailleurs s'entendre : ce sont toujours les Hollande et les Macron qui font le succès des Le Pen – et les Clinton qui génèrent tant de rejet qu'un Trump est possible. Mais, dans la réalité, prendre le risque de faire sortir un pays du cadre démocratique est impardonnable. Mélenchon aurait dû se souvenir de l'enseignement de Trotski – dont il fut pourtant un adepte –, qui écrivait en 1932, avec l'intention avouée « de susciter l'effroi sincère ou l'indignation feinte des imbéciles et des charlatans », que, « dans la lutte contre le fascisme », il faut être prêt « à conclure des accords pratiques militants avec le diable, avec sa grand-mère, et même avec Noske et Zörgiebel ». Certes, Marine Le Pen n'est pas Hitler, mais Macron n'est pas non plus Noske ou Zörgiebel, les deux dirigeants sociaux-démocrates qui avaient réprimé l'insurrection allemande de 1919.

En fait, ce jeu dangereux trahit la relation conflictuelle que Mélenchon entretient avec la question démocratique, que l'on retrouve sur à peu près tous les sujets politiques auxquels il a été confronté. C'est aussi un flirt redoutable avec ce qu'on appelle la politique du pire : après tout, face à une situation de blocage qui n'offre pas d'autre horizon que le néolibéralisme, l'arrivée au pouvoir de l'extrême droite ne serait-elle pas un éveilleur de consciences ? Pari dangereux, qui s'est toujours soldé dans l'histoire par un désastre.

Mais la coupable hésitation du soir du 23 avril 2017 est aussi la conséquence d'une erreur d'analyse et d'un trauma personnel. Mélenchon s'est mépris sur ses 7 millions d'électeurs, qu'il a cru en rupture avec la gauche. L'historien du communisme Roger Martelli a démontré au contraire, dans une étude remarquable, que l'électorat du candidat de LFI se situait très majoritairement à gauche[76]. Martelli s'appuie sur une étude de Bruno Cautrès (« Mélenchon, "vainqueur caché" de la présidentielle ? »), qui souligne l'enracinement du vote LFI dans ses territoires de force de 2012, et donc « la forte corrélation avec le vote communiste ancien ». Les calculs de Cautrès, dit-il, « montrent aussi la corrélation statistique forte du vote Mélenchon avec les votes socialistes passés et avec les autres votes de gauche en 2017 ».

76. Roger Martelli, « Populisme ou gauche : de la présidentielle à aujourd'hui », *Regards*, 15 février 2019.

L'historien note que « la campagne menée tambour battant du candidat de La France insoumise a redonné à la gauche la plus critique un profil qui la rapproche de ses traits historiques fondamentaux. La représentation des catégories populaires n'est plus l'apanage du FN. Un quart au moins des catégories intermédiaires, des ouvriers et des employés s'est retrouvé dans un vote à gauche affirmé. Ajoutons qu'il s'agit d'un espace populaire de notre temps, jeune, inséré dans le cadre urbain et métropolitain et relativement éduqué (les deux tiers des électeurs Mélenchon ont un niveau égal ou supérieur à celui du baccalauréat) ». Et Martelli d'en venir à ce constat optimiste : « Il a redynamisé l'espace électoral communiste en voie d'affaissement continu. »

En fait, Mélenchon a pris pour un vote d'adhésion exclusive à son discours ce qui était, dans une large mesure, un « vote utile » profitant au candidat de gauche le mieux placé. D'où le trouble immense qu'il a provoqué en gardant le silence sur le deuxième tour. Ce trouble, il le portait aussi sur son visage. À force de vitupérer les sondages « qui mentent » pour influencer les électeurs, Mélenchon avait réussi à se convaincre qu'il serait qualifié pour le second tour. Par son visage défait, son discours indécis et mélancolique ce 23 avril 2017, il a, en quelques minutes, transformé en plomb l'or d'un magnifique résultat.

La suite n'a été qu'une succession d'erreurs psychologiques autant que politiques. En mai 2019, la pourtant très méritante Manon Aubry, tête de liste LFI aux européennes, ne recueille que 6,3 % des suffrages. Entre-temps, Mélenchon aura réussi à se mettre beaucoup de monde à dos par une irrépressible violence. Un jour, il adresse à Pierre Laurent, secrétaire général du PCF, un « ami politique », un

SMS haineux : « Vous êtes la mort et le néant[77]. » Un autre jour, il appelle à voter « nationaliste » contre sa propre liste LFI aux élections territoriales de Corse, au prétexte que ses militants ont fait liste commune avec les communistes. Un autre jour encore, il désavoue le candidat LFI en Guyane au profit d'un régionaliste. Étonnant pour quelqu'un qui n'a que la République à la bouche. Mélenchon ne sait pas faire dans la demi-mesure. Il donne l'impression d'être souvent l'otage de ses affects. Et puis il y a ce fameux épisode de la perquisition au siège de LFI et à son domicile, le 16 octobre 2018. Tout le monde a en mémoire le très sonore « la République, c'est moi ! » ainsi que le nez-à-nez avec un gendarme et le procureur de la République. Et les ordres donnés aux militants présents : « Enfoncez-moi cette porte ! » Images terribles d'un Mélenchon aux yeux exorbités. Alors qu'il aurait pu à bon droit convoquer l'après-midi même une conférence de presse pour dénoncer une opération hors de proportion en regard des faits reprochés et retourner largement la situation à son avantage, il a donné l'image d'un dirigeant violent et peu maître de ses nerfs.

Un autre épisode éclaire la personnalité et la conception politique de Mélenchon. Une semaine après le scrutin municipal du 28 juin 2020, il prend la parole devant l'assemblée représentative de La France insoumise. Même mine sombre qu'au soir du premier tour de la présidentielle. Même ton désabusé. « Avons-nous labouré la mer et semé le vent ? » dit-il en citant Simón Bolívar, grande figure des mouvements de libération de l'Amérique latine. Il poursuit : « Nous avons fait un pari qui n'a pas fonctionné. » De quoi parle-t-il ? D'une défaite ? Non : d'une victoire de la gauche à laquelle son mouvement a souvent – pas toujours – pris

77. SMS adressé le 4 mai 2017 et révélé par *Le Canard enchaîné*.

sa part. Mais ces listes de gauche citoyennes victorieuses ont été nettement dominées par des têtes de liste EELV. Et elles lui ont souvent été imposées par une section locale de LFI, comme ce fut le cas à Marseille. Mélenchon ne célèbre pas les victoires de la gauche parce qu'il souffre surtout de l'invisibilité de LFI au sein de ces coalitions. D'autant plus que le caractère de ces listes d'union le prive de l'un de ses arguments favoris : il ne s'agissait pas cette fois de la fameuse « tambouille » entre les partis qu'il ne cesse de dénoncer. Dans la majorité des cas, ce sont des listes constituées à partir d'associations citoyennes locales.

Comme jadis au PCF, le parti prime tout. Ce qui prédispose peu à l'unité avec les autres forces de gauche.

Le système France insoumise

On aurait tort de penser que les emportements de Mélenchon, ses virages idéologiques brusques et imprévisibles ne relèvent que d'une personnalité atrabilaire. C'est aussi et surtout une politique. Son système repose sur une vive méfiance envers les codes de la démocratie. Le mouvement qu'il a créé est d'ailleurs à son image. On n'y connaît ni courants ni élections. Le chef autoproclamé, à l'ancienneté et au talent, c'est lui. Son mouvement se situe en apparence aux antipodes du Parti communiste d'antan. Pas de comité central, pas de bureau politique, pas de « ligne directe » avec Moscou. Selon la propre définition – excellente – qu'en a donnée un jour son fondateur, La France insoumise est un mouvement qui « ne sera ni horizontal ni vertical, mais gazeux ». L'étonnant est que l'on parvienne par un tout autre chemin à peu près au même résultat que dans le parti ultra-vertical de Maurice Thorez.

Mais Jean-Luc Mélenchon a conçu un système infiniment plus subtil et adapté à notre temps. Il ne s'embarrasse pas à fabriquer des unanimités, puisqu'il n'y a tout simplement pas de vote. Il ne simule pas la démocratie, il la rejette ouvertement. Avec tout de même cette phrase énigmatique confiée à l'hebdomadaire *Le 1* en octobre 2017 : « Le but du mouvement La France insoumise n'est pas d'être démocratique, mais collectif. »

Comment être « collectif » sans être démocratique ? Sauf à s'appuyer sur une modernité chimérique, celle du « clic » par Internet. Le brouhaha numérique étouffe alors le débat en le désorganisant par le trop-plein. Tout le monde s'exprime, puis le chef décide. S'il arrive à Jean-Luc Mélenchon de justifier ce mode de fonctionnement, c'est en déclarant sa détestation pour les pratiques du Parti socialiste. Il se gausse fréquemment des interminables débats entre courants à l'intérieur de ce parti et de leur vacuité. Il n'a pas tort, mais c'est ce qui s'appelle jeter le bébé avec l'eau du bain. Si on était cruel, on lui rappellerait que ces jeux de fausse démocratie, il y a cédé avec complaisance pendant vingt-cinq ans. Il a été l'admirateur du prince de la manœuvre que fut François Mitterrand. Cherchez l'erreur.

À force de pouvoir solitaire, il arrive à Jean-Luc Mélenchon de lasser. À cet égard, l'affaire de la composition de la liste pour les élections européennes de 2019 a fait beaucoup de dégâts, provoquant en particulier le départ d'une recrue pourtant précieuse, l'économiste Liêm Hoang-Ngoc, transfuge du PS. La liste, constituée par Mélenchon, n'a fait l'objet d'aucun débat. On ne compte d'ailleurs pas les personnalités qui ont quitté LFI, parfois sur la pointe des pieds, comme l'économiste Jacques

Généreux, et parfois de façon plus bruyante, comme Djordje Kuzmanovic. En ce qui concerne ce dernier, ultra-nationaliste et pro-Poutine, ancien agent de renseignement de l'armée française en Afghanistan (« on sent le vrai militant de gauche », ironisait à son sujet une revue anarchiste), on se demande surtout comment il a pu si longtemps être le « conseiller diplomatique » de Mélenchon. On verra plus loin que la question n'est pas tout à fait sans réponse.

Chapitre 16
L'OMBRE TERRIBLE DE LA SYRIE

Tout ce qui précède nous amène peut-être à l'essentiel. L'imaginaire international de Mélenchon. Il est étonnant de constater combien ces questions pèsent peu dans les critiques que certains de ses amis peuvent exprimer à son sujet. Quand on évoque la question, on suscite au mieux des sourires affligés: «Jean-Luc, il est comme ça: campiste.» La référence au «campisme» n'est pourtant pas anodine. La théorie des camps est une résurgence du stalinisme des années d'après-guerre, lorsque en 1947 Maurice Thorez reprit à son compte la dénonciation par Moscou du «parti américain». Un pur produit de la guerre froide. Comprendre que Mélenchon appartient à un camp géopolitique avec la bonne foi d'un supporter de football... Il est pro-russe et anti-américain sur un mode inconditionnel.

Étonnant, aussi, le peu de place consacré aux prises de position internationales de Mélenchon dans les ouvrages qui rendent compte de son parcours. Quoi de plus inquiétant, pourtant? Comment ne pas s'interroger sur sa fascination pour Vladimir Poutine, lui-même soutien de Bachar Al-Assad, massacreur de centaines de milliers de Syriens, sur sa défense de leaders sud-américains qui n'ont pas brillé par leur sentiment démocratique, et même sur ses faiblesses pour Donald Trump, pourvu que celui-ci bataille contre « l'État profond » ? Il nous faut aborder ici deux dossiers très problématiques : la Syrie et le Venezuela. On y découvrira en particulier l'étonnant rapport que Jean-Luc Mélenchon entretient avec la vérité.

Un faible pour les hommes forts

Interrogé le 20 février 2016 par Léa Salamé au cours de l'émission de France 2 « On n'est pas couché » à propos des bombardements de l'aviation russe sur Alep, Mélenchon affirme : « Je pense qu'il [Poutine] va régler le problème », à savoir « éliminer Daech ». Deux contre-vérités en peu de mots. Car quel « problème » la Russie a-t-elle réglé ? Elle a sauvé l'un des dictateurs les plus sanglants de la planète, anéanti une partie de la population de la deuxième ville du pays, Alep, puis de toute la région d'Idlib, et provoqué un exode vers la Turquie et l'Europe. À ce compte-là, on peut estimer que Truman a « réglé » le problème japonais avec les bombes atomiques sur Hiroshima et Nagasaki. Mais Mélenchon fait surtout fidèlement écho à la propagande russo-syrienne : non, la Russie n'a pas éradiqué Daech, ni même essayé. Ce n'était d'ailleurs pas son objectif. L'organisation État islamique (Daech, selon l'acronyme arabe) avait été chassée d'Alep bien auparavant par les rebelles que les bombes de Poutine ont ensuite massacrés. C'est la coalition américano-franco-britannique, aidée au sol par les Kurdes de l'Union du peuple kurde (PYD), qui a détruit les positions de Daech à Rakka, c'est-à-dire à l'autre extrémité du pays.

Trois ans plus tard, alors que l'ampleur des massacres est connue, Mélenchon persiste dans ce même discours. Le 30 octobre 2019, à l'Assemblée, il réclame la réouverture de l'ambassade française à Damas (fermée depuis 2012) et se livre de nouveau à un vibrant hommage à la Russie : « Heureusement que la Russie était là, car c'est elle qui, en un an, a réglé ce que tous les autres réunis ont été incapables de faire, c'est-à-dire écraser la soi-disant armée du soi-disant État islamique. » Une incroyable falsification de l'histoire évoquant la pure tradition stalinienne.

Le 13 octobre 2019, Mélenchon avait même appelé la France à aider Bachar Al-Assad : « L'armée syrienne, écrit-il, va défendre son pays contre l'invasion de l'armée d'Erdogan et de [son] supplétif djihadiste. La France doit les [l'armée syrienne et les Kurdes, NDA] aider[78]. » Il parle d'invasion turque, ce qui est un bien grand mot quand il s'agit d'une incursion – néanmoins inacceptable – visant à repousser les Kurdes vers le sud. Mais que dit-il de la présence de 70 000 miliciens iraniens, ou sous le contrôle de Téhéran, comme les combattants du Hezbollah ? Et que dit-il de l'omniprésence russe dans le pays ? Rien. Pire, il les légitime, puisque c'est Bachar Al-Assad qui les a sollicitées.

L'humoriste Sophia Aram fait partie de ces voix choquées par l'appel du leader de LFI à « aider » l'armée syrienne aux ordres de Bachar Al-Assad. « Mais pour faire quoi, Mélenchon ? Cinq cent mille morts de plus ? Tester de nouvelles armes chimiques ? Systématiser le viol comme arme de guerre ? » interroge-t-elle dans l'une de ses chroniques sur France Inter.

Techniques de désinformation

À propos de la Syrie, Jean-Luc Mélenchon fait dans le classique de la désinformation. On lui parle des bombardements russes sur les populations civiles à Alep ou

78. Tweet cité par *Le Figaro*, le 13 octobre 2019.

à Idlib, il nous invite à regarder ailleurs. « Pourquoi vous ne me parlez pas de Rakka, que bombarde la coalition américano-franco-britannique ? » dit-il en substance. C'est ce que les Américains appellent le « *whataboutism* » : *« Oh, and what about... something else ? »* Il est vrai que la campagne menée à Rakka, qui vise le fief de l'État islamique, a fait des ravages aussi dans la population civile. Mais la cible n'a jamais été la population civile. Ce qui fait une différence avec les bombardements russes à l'ouest du pays. Mélenchon nous invite à regarder ailleurs, du côté du Yémen bombardé par l'Arabie Saoudite et l'Égypte, et conclut : « Tous les bombardements m'écœurent, pas certains seulement[79]. » Mais dit-il un seul instant que les bombardements russes doivent cesser ?

Dans un petit essai remarquable, *L'Ère du complotisme*, l'historienne Marie Peltier écrit : « Les idéologues du complot ont fait du doute leur principal moteur rhétorique, insufflant à l'individu l'idée qu'il ne doit plus rien croire de ce qu'il ne pourrait lui-même vérifier[80]. » À la suite du massacre aux armes chimiques d'août 2013, Mélenchon écrit : « Il paraît que le Premier ministre [il s'agit alors de Jean-Marc Ayrault, NDA] va donner des preuves de la culpabilité du régime syrien dans l'attaque au gaz. Elles justifieraient la "punition" annoncée par François Hollande. Ces preuves seront les bienvenues. Ne doutons pas qu'elles seront examinées avec soin. Les précédentes "preuves" données par les Anglais et les Nord-Américains à propos des armes de destruction massive irakiennes sont

79. Jean-Luc Mélenchon, « Revue de la semaine #11 : Alep, Moyen-Orient, méthane, inscription sur les listes électorales », Le blog de Jean-Luc Mélenchon, 15 décembre 2016.
80. Marie Peltier, *L'Ère du complotisme. La maladie d'une société fracturée*, Les petits matins, 2016.

trop présentes à nos esprits pour qu'on puisse songer à nous en faire avaler un avatar. Ce que j'apprends à propos de ces "preuves" dans les avant-papiers de la presse écrite que je découvre m'inspire un doute[81]. » C'est cet argumentaire qu'il reprendra après le massacre de Khan Cheikhoun en avril 2017 et celui de Douma en avril 2018, également à l'arme chimique.

Là encore, Mélenchon doute. Il veut des « preuves » permettant de faire porter au régime syrien la responsabilité de l'utilisation de telles armes. Mais il y en a de multiples ! Notamment la mise en évidence de l'action d'un agent neurotoxique dont le régime dispose en grande quantité. En octobre 2017, une enquête conjointe de l'ONU et de l'Organisation pour l'interdiction des armes chimiques (OIAC) concluait à une attaque menée à Khan Cheikhoun par le régime syrien. Mais, lorsque le veto russe interdit la poursuite de ce mécanisme d'enquête, Mélenchon, bien qu'il veuille des « preuves », garde d'abord le silence puis concède un peu plus tard « regretter » ce veto, non sans ajouter que les Russes « devaient avoir leurs raisons »…

En revanche, le 7 avril 2017, Mélenchon s'indigne après le raid franco-américain de représailles sur un aéroport militaire proche de la ville de Khan Cheikhoun, ciblée quelques jours plus tôt par une attaque chimique du régime. Ce qui l'émeut, apparemment, ce n'est pas l'attaque chimique contre la population civile, qui a causé quatre-vingt-six morts, mais la riposte pourtant toute symbolique de la France et des « Nord-Américains », qui a fait neuf victimes parmi les militaires syriens. Et il dit compter « sur le sang-froid des Russes pour que les choses en restent là ».

81. Jean-Luc Mélenchon, « Le naufrage syrien des solfériniens », Le blog de Jean-Luc Mélenchon, 4 septembre 2013.

Écoutons à nouveau ce que dit Marie Peltier, à propos des complotistes en général : « En parcourant les articles et billets publiés, on comprend en réalité qu'il s'agit d'appliquer le principe de critique extrême à tout ce qui viendrait du "camp américain" et de l'abandonner presque totalement dès qu'il est question du camp qui prétend lui faire face – Vladimir Poutine en tête, perçu comme la figure "résistante". » L'historienne cite ce commentaire de l'une des plumes les plus connues du conspirationnisme, une certaine Hildegard von Hessen am Rhein, après le vrai-faux retrait des troupes russes de Syrie : « Le maestro Poutine vient une fois encore de montrer son sang-froid, son sens de l'anticipation, sa connaissance de l'histoire et du terrain. » « Sang-froid » : les éléments de langage sont les mêmes. Les techniques de désinformation aussi.

Puis il y eut la fable des pipelines. En 2017, à Marseille, évoquant la « menace d'une guerre généralisée », Jean-Luc Mélenchon affirme que « ces guerres [celles du Moyen-Orient, NDA] ont eu parfois la religion pour prétexte, mais [qu']elles n'ont jamais cessé d'être autre chose qu'une dispute pour accaparer les matières premières ». Et de poursuivre : « On a vu comment commençait avec ce prétexte au Moyen-Orient, en Irak et puis en Syrie un abominable conflit[82]. » Mélenchon convoque ici la vulgate marxiste, qui est à peu près le contraire du marxisme. Les soulèvements pour la liberté n'ont pas de place dans sa pensée. Qui dit monde arabe dit pétrole.

Lisons encore Marie Peltier, qui ne nomme jamais Mélenchon mais brosse une sorte de portrait-robot du complotiste : « Au sein de cette lecture [celle des complotistes, NDA], le pétrole – et par extension les autres ressources

82. Discours prononcé à Marseille le 9 avril 2017.

naturelles, comme le gaz – est un facteur explicatif central. » Et l'historienne poursuit : « Dans les conflits au sein du monde arabe, tout se passe comme si le principal enjeu était les ressources pétrolières ou naturelles, sur lesquelles l'Occident voudrait mettre la main – sans prendre en compte le fait que les acteurs extra-occidentaux, comme la Russie, n'ont *a priori* pas de raisons d'être plus désintéressés. » Elle souligne également l'importance du facteur géopolitique dans la lecture complotiste des événements. Il est vrai que c'est très souvent un facteur d'enlisement des conflits. Mais en faire l'élément déclencheur, c'est nier l'importance des peuples, leur capacité de révolte et les similitudes de leurs revendications, démocratiques et sociales. Dans le cas de la Syrie, c'est nier une révolution qui s'est inscrite dans la continuité des autres révolutions arabes. La machination organisée par l'administration Bush en mars 2003 – les fameuses « armes de destruction massive » réduites à une fiole que Colin Powell, le secrétaire d'État américain, a exhibée aux Nations unies – sert régulièrement de justification au complotisme. Si on nous a menti une fois, on nous ment toujours.

Enfin, après une nouvelle attaque chimique du régime syrien en 2017, Mélenchon trouve un dernier argument : « Si [Bachar Al-Assad] l'a réellement fait, c'est d'une stupidité absolument inouïe[83]. » Un an plus tard, encore une attaque chimique : « Beaucoup d'observateurs se posent la question de la rationalité pour le régime de l'utilisation des armes chimiques[84]. » C'est le traditionnel « À qui profite le crime ? ». Le doute, toujours le doute... Raisonner ainsi,

83. Jean-Luc Mélenchon, « Revue de la semaine #24 : Syrie, STX, solidarité insoumise, caravane, Discord, Mélenphone, débat », 6 avril 2017.
84. Voir Tristan Quinault-Maupoil, « Frappes en Syrie : Mélenchon dénonce "une escalade irresponsable" », *Le Figaro*, 14 avril 2018.

c'est feindre de ne rien comprendre au régime syrien, qui a une longue tradition de terreur de masse. Subhi Hadidi, Ziad Majed et Farouk Mardam-Bey rappellent ainsi qu'en 1982 le père de Bachar, Hafez Al-Assad, réprima un soulèvement des Frères musulmans à Hama, mais aussi des manifestations de communistes et de nationalistes, en anéantissant la population alentour. Au total, de véritables massacres firent des dizaines de milliers de victimes. Et les auteurs ajoutent que « la terreur suscitée par ces massacres [...] a traumatisé les Syriens tout au long des années 1980[85] ». Telle est la tactique des Assad : terroriser la population pour décourager toute velléité de rébellion pendant des décennies.

Un rapport établi par une équipe des Nations unies a analysé des photographies de milliers de cadavres numérotés de détenus morts de faim ou sous la torture dans des centres de détention de Damas ; il a été publié sous le titre *Opération César*[86]. Selon un rapport d'Amnesty International, en 2017, « les forces gouvernementales et leurs alliés russes ont mené des attaques aveugles et des attaques visant directement des civils et des biens à caractère civil, procédant à des frappes aériennes et à des tirs d'artillerie qui ont fait des milliers de victimes civiles ». Que faut-il de plus pour convaincre Jean-Luc Mélenchon ? Dans le meilleur des cas, il se méprend sur la nature du baasisme du clan Assad, qui n'a plus rien à voir avec l'idéal des fondateurs, Michel Aflak et Salah Eddine Bitar, en 1947.

Dans l'imaginaire de Mélenchon – si on lui donne encore acte de son ignorance –, la dictature des Assad est

85. Subhi Hadidi, Ziad Majed et Farouk Mardam-Bey, *Dans la tête de Bachar Al-Assad*, Solin/Actes Sud, 2018.
86. Garance Le Caisne, *Opération César*, Stock, 2015.

un régime laïque. Piètre idée de la laïcité. Il ignore surtout le système de terreur de masse instauré par Hafez dès 1970, l'usage surabondant et quasi «traditionnel» que le régime fait des armes chimiques et de la torture contre son peuple. Il ignore l'instrumentalisation du confessionnalisme par le système. La transformation de la révolution syrienne en guerre de religion a été le coup de génie tactique de Bachar Al-Assad. Pour cela, le dictateur syrien n'a pas hésité à libérer dès septembre 2011 des prisonniers politiques liés à Al-Qaïda, et qui allaient devenir pour certains d'entre eux des dirigeants d'Al-Nosra et pour d'autres de Daech. Jean-Pierre Filiu rappelle que Bachar Al-Assad fit notamment libérer Abou Mohammed Al-Joulani, «qui, aussitôt libéré, rejoint l'État islamique en Irak» avant de fonder Al-Nosra en Syrie[87].

Comme toujours chez Mélenchon, ses prises de position s'ordonnent autour d'un corpus idéologique global. À cette nouvelle période, marquée par «l'emballement belliqueux des États-Unis», il s'agirait ainsi, selon Mélenchon, d'opposer une nouvelle stratégie d'alliance, notamment avec les Brics (Brésil, Russie, Inde, Chine et Afrique du Sud), et plus particulièrement avec la Russie et la Chine. C'est ce qu'il indiquait notamment en décembre 2015 dans un débat sur la Défense nationale organisé aux Invalides, à Paris. L'Otan, y disait-il, est «plus que jamais un système d'alliance contraire aux intérêts français qui nous coupe des Russes et des Chinois, partenaires infiniment plus stratégiques pour l'avenir d'un monde ordonné et pacifique que la puissance états-unienne devenue toxique[88]».

87. Jean-Pierre Filiu, *Généraux, gangsters et jihadistes. Histoire de la contre-révolution arabe*, La Découverte, 2018.
88. «Pour un nouvel indépendantisme. Débat sur la Défense nationale», chaîne YouTube de Jean-Luc Mélenchon, 14 décembre 2015.

Dans ce document de congrès, nous trouvons notamment, en défense contre toutes les accusations d'amitié pro-Poutine, une définition intéressante sur la Russie actuelle : « Nous rejetons toute ingérence et toute logique de guerre contre la Russie, sans pour autant soutenir le régime politique du président Poutine, qui n'hésite pas à exacerber un climat autoritaire au service de l'oligarchie russe. » Comme toujours chez Mélenchon, il y a le membre de phrase qui servira à le dédouaner de son soutien à Poutine en Syrie et en Ukraine.

Sur le fond, sa politique consisterait, à travers des alliances stratégiques avec la Russie mais aussi avec la Chine, à imposer un rapport de force face aux États-Unis, dans le but de reconquérir la paix en Syrie et au Moyen-Orient grâce à une « coalition universelle » sous l'égide d'une nouvelle ONU libérée de l'influence états-unienne. Une telle politique, en l'occurrence, reviendrait à construire une alliance géopolitique stratégique avec les Russes, alliés de Bachar Al-Assad, dans une guerre qui a provoqué la mort de plus de 400 000 Syriens et la fuite de près de 4,5 millions de réfugiés dans les pays voisins et de plus d'un million en Europe.

Mais, précisément, n'est-il pas permis aussi de douter de ces chiffres ? Mélenchon doute des chiffres et des morts, car l'homme qui les recense jour après jour est, dit-il, « un homme seul à Londres ». Reprenant mot à mot la propagande de Damas, il vise le fondateur de l'Observatoire syrien des droits de l'homme (OSDH). Ainsi, toute la presse ment. Mélenchon ne croit pas ce que rapportent les reporters du monde entier qui, au péril de leur vie, se rendent dans un pays dont le régime tue les journalistes. La plupart d'entre eux reconnaissent pourtant s'appuyer sur les bilans publiés par l'OSDH. Car le sérieux de cet organe a été admis par à peu près tous les professionnels de l'information. Les grandes agences internationales, AFP, Reuters et Associated Press, notamment, ont toutes pu vérifier la rigueur de ce réseau de deux cents informateurs qui a publié presque quotidiennement les données des registres d'admission dans les hôpitaux et les témoignages de militants sur le terrain. Immanquablement, l'OSDH est devenue la bête noire du régime, qui aurait préféré tuer et torturer en silence. En septembre 2016, Sammy Ketz, directeur du bureau de l'AFP à Beyrouth, déclare : « Nous vérifions régulièrement les chiffres avancés par l'OSDH grâce aux informations recueillies par nos informateurs sur le terrain, et c'est lui qui est toujours le plus proche de la réalité[89]. »

La question ukrainienne

Le soutien à Poutine ne se borne pas à la Syrie. Lorsque le président russe décide d'annexer la Crimée, qui appartient à l'Ukraine, Mélenchon exulte : « La Crimée est perdue pour l'Otan. Bonne nouvelle ! » Il contredit ainsi tous ses discours sur la légitimité onusienne. Le droit international est ignoré. Comme Poutine, il ne s'arrête d'ailleurs pas à la Crimée. Il soutient l'idée poutinienne de réexaminer toutes les anciennes frontières de l'URSS et peut-être aussi celles des pays de l'ancien camp socialiste. Il en avait exprimé le souhait pendant la campagne électorale de 2017, proposant la tenue d'une « conférence de l'Atlantique à l'Oural pour organiser une négociation sur les frontières », notamment celles « issues de l'ancienne URSS[90] ». La proposition

89. Entretien avec l'auteur.
90. Débat télévisé du 20 mars 2017 sur TF1.

a les apparences du bon sens : « Les frontières bougent, on en parle ou on fait la guerre[91]. » Mais les frontières ne bougent pas toutes seules. En l'occurrence, c'est Vladimir Poutine qui les fait bouger en annexant la Crimée et en maintenant des forces dans le Donbass ukrainien, devenu le foyer d'une guerre qui ne dit pas son nom.

Les embarras vénézuéliens

Décidément, pour Mélenchon, tout commence toujours à la télévision, en face de Léa Salamé. Nous sommes le 27 novembre 2017 et Jean-Luc Mélenchon est l'invité de « L'Émission politique » sur France 2. Une jeune femme franco-vénézuélienne, qui n'est autre que la fille du philosophe Régis Debray, lui donne la réplique. Après avoir raconté une anecdote sur les conditions de vie précaires des Vénézuéliens, elle demande au député LFI s'il n'a pas l'impression d'être du mauvais côté en défendant le régime de Nicolás Maduro. Jean-Luc Mélenchon s'énerve *crescendo*, arguant qu'il n'a pas vécu là-bas, qu'il n'est pas « l'ambassadeur du Venezuela ». Et lorsque Laurence Debray affirme que le pouvoir fait tirer sur les manifestants, il s'exclame : « Vous mentez ! » C'est pourtant une réalité dont ont témoigné tous les médias internationaux et qui est surtout attestée par la centaine de morts constatée à l'issue des manifestations. « Ce n'est pas notre pays », s'échauffe encore le leader de La France insoumise. Comme si cette situation internationale ne devait pas le concerner, lui, en premier lieu. Puis il fait pivoter son fauteuil, tournant le dos ostensiblement à son interlocutrice. « C'est méprisant »,

91. « Russie : Mélenchon défend sa "conférence sur les frontières" », *La Croix*/AFP, 31 mars 2017.

s'indigne la journaliste. Mais rien n'y fait. Mélenchon est fou de rage. Il en sera désormais ainsi chaque fois qu'un journaliste l'interrogera sur la situation au Venezuela.

Le dossier vénézuélien illustre parfaitement, et tragiquement, le poids de l'idéologie dans la pensée de Mélenchon. S'il se montre irascible quand il est interpellé sur le sujet, c'est qu'il est mis en face d'une évidence qui ne lui laisse aucune échappatoire. Car ce n'est pas seulement Maduro qui est incompétent au point de dilapider l'héritage politique d'Hugo Chávez, c'est tout le système Chávez qui est en faillite. La gestion des ressources pétrolières, qui ont longtemps fait la fortune du pays, est un exemple caricatural des ravages que peut causer l'idéologie. La sociologue Paula Vásquez Lezama rappelle qu'en 1998, un an avant l'arrivée au pouvoir de Chávez, le consortium pétrolier PDVSA « avait un cadre légal qui lui permettait d'agir de manière autonome pour établir des lignes directrices en matière d'exploration et de production[92] ». C'était à l'époque une structure indépendante du gouvernement. Depuis 2002, la production est en déclin. Mais, alors que le chiffre d'affaires s'effondre, Chávez a fait passer les effectifs de 42 000 à 111 000 employés. Le ratio de productivité est passé de 83 barils par jour en 1998 à 23 en 2013. L'entreprise est le théâtre d'une politisation extrême. « Les cadres qui manifestaient leur adhésion au gouvernement étaient promus sans le mériter. Ceux qui n'adhéraient pas ont parfois dû partager leur bureau avec des militaires qui les surveillaient. » Un paroxysme de cette politisation a été atteint avec l'épisode grotesque du 7 avril 2002. Ce jour-là, dans l'émission radiotélévisée « Alo Presidente », Chávez,

92. Paula Vásquez Lezama, *Pays hors service. Venezuela : de l'utopie au chaos*, Buchet/Chastel, 2019.

armé d'un sifflet, façon arbitre de football, nomme un à un les sept dirigeants les plus emblématiques de PDVSA et fait suivre chaque nom d'un « dehors ! » tonitruant. Il répétera cette mise en scène de façon à peine moins ubuesque dans l'émission du 26 décembre 2002, lorsqu'il licenciera publiquement 18 756 ingénieurs, cadres et ouvriers qualifiés.

C'est la passion de Mélenchon pour Chávez, sa propension à faire de son système sinon un « modèle » (il évite le mot), en tout cas une « source d'inspiration », qui aiguise la curiosité des journalistes. À partir de 2006, il a multiplié les voyages au Venezuela et les rencontres avec le « Comandante ». Et il ne ménage pas son admiration. Il est vrai que la « révolution bolivarienne » – c'est ainsi que Chávez nomme son épopée – a tout pour fasciner Mélenchon. Chávez est un autocrate éclairé qui pense la politique par le sommet. Comme Mélenchon, il a une fibre sociale indiscutable. Il nationalise à tour de bras : les latifundiums, le secteur bancaire, la sidérurgie, l'électricité. Il redistribue des grands domaines agricoles à des coopératives. Par une politique sociale généreuse, il réduit le taux de pauvreté de moitié. Il instaure la gratuité alimentaire dans les écoles publiques.

Mais tout repose sur la manne pétrolière. Et le système, déjà très fragilisé par une gestion idéologique privilégiant les amitiés politiques sur l'expertise, s'effondre quand les cours du pétrole baissent brusquement à l'automne 2014. À quoi s'ajoutent, à partir de 2015, et surtout de 2017, les sanctions américaines qui visent à étouffer le régime de Nicolás Maduro. Aujourd'hui, plus de 90 % de la population vit en dessous du seuil de pauvreté. Mais rien n'y fait. L'engagement bolivarien de Mélenchon est si absolu qu'on l'entendra défendre l'idée d'une adhésion de la France à l'Alba, l'Union économique bolivarienne, plutôt qu'à l'UE. Et cela en raison de la proximité géographique de la Guyane…

À la fin de l'émission de France 2, Laurence Debray demande à Mélenchon : « Vous imaginez en France que les opposants au gouvernement, c'est-à-dire vous par exemple, La France insoumise, les députés, se rendent à l'Assemblée nationale et se fassent tabasser, y compris les femmes ?

– Mélenchon : Ce n'est pas vrai.

– Debray : Ah bon ? Il y a des images…

– Mélenchon : Vous mentez, vous mentez, vous mentez, Madame ! »

Chapitre 17
LEUR MORALE ET LA NÔTRE

Au fond, toutes ces contre-vérités à propos de la Syrie, de Poutine, du Venezuela ont une justification, et peut-être même une morale supérieure. N'est-il pas utile parfois de mentir? Pour «la bonne cause». Après tout, Mélenchon lui-même peut estimer qu'il a de très bonnes raisons de défendre ardemment Poutine, Assad et Maduro. Évidemment, on peine à imaginer ces raisons tant est grave le crime qui est nié ou excusé. Mais il se trouve qu'un auteur que Mélenchon connaît bien a écrit une brillante réflexion sur ce sujet.

Dans *Leur Morale et la Nôtre*, écrit en 1938, alors qu'il est en exil au Mexique, Léon Trotski juge que la révolution vaut bien ce qui peut apparaître au *vulgum pecus* comme un mensonge, et qu'elle peut même justifier une autre morale que la morale «bourgeoise» traditionnelle. Ce texte est souvent réduit par ses contradicteurs à un lapidaire «la fin justifie les moyens». C'est un peu court. Car, écrit Trotski, si «le moyen ne peut être justifié que par la fin [...], la fin a aussi besoin de justification». Et Trotski contextualise son analyse: «Du point de vue du marxisme, qui exprime les intérêts historiques du prolétariat, la fin est justifiée si elle mène à l'accroissement du pouvoir de l'homme sur la nature et à l'abolition du pouvoir de l'homme sur l'homme.»

Pour Trotski, « le matérialisme dialectique ne sépare pas la fin des moyens. La fin se déduit tout naturellement du devenir historique. Les moyens sont organiquement subordonnés à la fin[93] ».

On comprend le raisonnement, tout de même discutable mais audible : si la fin n'est pas noble, on ne peut admettre que les moyens ne le soient pas. Mais quelle fin « noble » Mélenchon peut-il bien poursuivre en multipliant les contre-vérités au profit d'Al-Assad et de Poutine ? Le triomphe du plus sanglant des dictateurs et le rétablissement de son régime liberticide de répression et de torture peuvent-ils être comparés à la victoire de la révolution prolétarienne dont rêvait Trotski ? On peut objecter qu'en Syrie l'alternative à Al-Assad aurait été l'arrivée au pouvoir des islamistes. C'est possible, mais loin d'être sûr. On peut citer le précédent de la Libye, où l'offensive de l'Otan a conduit, après l'élimination de Kadhafi, au chaos des milices. Aucun de ces arguments ne tient. En Syrie, c'est Al-Assad qui a alimenté les mouvements islamistes. Et en Libye, rien n'était fatal après l'été démocratique de 2012. En revanche, la question est plus complexe au Venezuela. Même si le résultat est un désastre, on ne peut nier que Chávez poursuivait un objectif de justice sociale. La fin aurait-elle pu justifier les moyens ? On aurait pu le dire sous Chávez. Mais comment l'affirmer encore avec Maduro ? Les contretemps en politique sont redoutables.

Les mauvaises langues feront d'ailleurs observer qu'en 1938, lorsque Trotski écrit *Leur Morale et la Nôtre*, nous sommes à l'époque des procès de Moscou, et il y a déjà bien longtemps que le rêve d'une révolution conduisant au socialisme s'est évanoui. Mais c'est un autre sujet. On a vu

93. Léon Trotski, *Leur Morale et la Nôtre*, Sagittaire, 1939.

plus haut que le communisme de guerre était justifié, aux yeux des bolcheviks, par la perspective d'une société juste et d'un avenir radieux. Comme la Terreur jacobine croyait pouvoir imposer, *in fine*, les grands idéaux de justice et d'égalité de la Révolution. Le désastre est total quand la fin espérée n'est pas au rendez-vous de l'histoire. Mais que dire quand la fin est elle-même monstrueuse et que le déni perdure alors que nous en avons acquis la certitude ?

Une presse univoque

La critique systématique des grands médias a pour corollaire, outre un complotisme délétère, la création de médias à voix unique. Mélenchon n'est évidemment pas le seul à pratiquer le journal vidéo « alternatif ». Seul devant une caméra fixe, il délivre régulièrement ses analyses sur les affaires du monde et de la France, contredisant allégrement « les grands médias ». Ce face-à-face d'un personnage politique avec un auditoire acquis d'emblée autorise tous les arrangements avec le réel. C'est par ce vecteur autarcique que Jean-Luc Mélenchon a pu, sans risquer d'être contredit, « douter » des attaques chimiques d'Assad et développer la fable des pipelines. S'il arrive à la « grande presse », plus souvent qu'à son tour, de fournir des analyses biaisées par un parti pris idéologique, souvent à dominante libérale, la confrontation est néanmoins toujours possible avec d'autres médias. Sans compter que les grands titres de la presse écrite sont régulièrement ouverts à des tribunes qui offrent des points de vue contradictoires. C'est au moins ce qui se passe dans des pays démocratiques. C'est par la contradiction dans un espace médiatique ouvert que l'on peut mener cette bataille culturelle que Gramsci jugeait si nécessaire.

Et non dans l'enfermement de médias idéologisés à thèse et à locuteur uniques. Le risque, avec cette méthode, c'est la fragmentation de l'opinion, où chacun croit détenir sa vérité sans jamais l'exposer au débat. À terme, cette méthode est implosive pour la démocratie.

C'est aussi par le reportage que les journalistes ne renoncent jamais à porter témoignage des réalités du monde et à approcher des vérités qui ne sont pas toujours « relatives ». Que dire, au contraire, quand Le Média, proche de Mélenchon, décrète qu'il ne faut pas montrer d'images de l'attaque chimique sur la population de la Ghouta, en laissant planer le doute sur la responsabilité du régime syrien[94] ? La critique des « grands médias » est aisée. Mais le « remède » est parfois pire que le « mal ».

94. La directrice du Média, Sophia Chikirou, justifiera cette position en alléguant du « pacifisme » du site. Entre ceux qui gazent la population et la population gazée, Sophia Chikirou ne veut pas « choisir son camp ». « Notre camp, dit-elle, c'est la paix. »

Chapitre 18
POPULISME ET POPULISME

Jean-Luc Mélenchon, c'est aussi un apport théorique sur la scène politique française : le populisme. Il a eu cette audace au lendemain de sa rencontre avec deux responsables de ce qui allait devenir Podemos. Nous sommes en septembre 2014, et il s'empare avec ardeur d'un concept forgé par les jeunes dirigeants de la gauche radicale espagnole[95]. Il le résume d'une formule : « Le système n'a plus peur de la gauche, il a peur du peuple. » Dans son esprit, la gauche est morte. Trois ans plus tard, il revient dans un entretien accordé à ses deux biographes, Lilian Alemagna et Stéphane Alliès, sur les circonstances de cette rupture avec le lexique traditionnel de notre vie politique. Il contextualise sa décision : « On est dans un moment où la relation avec les communistes est épouvantable [...], tout le monde chez nos prétendus partenaires ne se retrouve que sur un point : nous rouler ou nous empêcher. » En vérité, d'autres raisons, heureusement moins pusillanimes, ont justifié l'abandon du mot, sinon de la chose. Mélenchon ne faisait que constater le lourd discrédit de la gauche au sortir de cinq années de gouvernement social-démocrate sous la présidence de François Hollande.

---

95. L'épisode est relaté par Lilian Alemagna et Stéphane Alliès dans *Mélenchon. À la conquête du peuple*, Robert Laffont, 2018.

Le populisme a un autre avantage : il rend compte d'une nouvelle ligne de fracture dans la société, propre au capitalisme financiarisé. Un nouvel antagonisme entre la multitude, définie en tant que « peuple », et une oligarchie toute-puissante et toute possédante mais ultra-minoritaire. C'est la fameuse opposition « 99 % – 1 % ». Le leader de LFI s'adresse à un très vaste champ électoral en faisant le pari que les 99 % auront au moins en commun leur hostilité à l'oligarchie. Cela correspond chez lui à l'abandon d'un certain nombre de symboles de la lutte de classes. Le candidat ajuste sa mire à l'objectif présidentiel. Mais le populisme a tout de même un inconvénient. Il appartient notamment à la culture politique d'une droite européenne extrême dite « illibérale ». Ce qui devait être facteur de clarification devient un élément de confusion supplémentaire. Au point qu'il est nécessaire de préciser : populisme « de gauche ». Mais alors, à quoi bon ?

Populisme de gauche ou lutte de classes ?

Qu'est-ce que le populisme de gauche ? Le concept trouve sa source dans les travaux des philosophes Ernesto Laclau et Chantal Mouffe. On se rend compte qu'il y a beaucoup de quiproquos à propos d'une stratégie que l'on aurait grand tort de classer à l'extrême gauche. Rien n'est plus faux. Pour le dire vite, le populisme que propose Chantal Mouffe est plutôt une variante de la social-démocratie. Et peut-être même un simple retour aux origines. La philosophe insiste sur le fait qu'il n'y a pas nécessité d'une « rupture totale » avec la démocratie libérale et qu'il ne s'agit pas d'un régime « complètement nouveau[96] ». On ne repart donc pas de zéro.

96. Chantal Mouffe, *Pour un populisme de gauche*, Albin Michel, 2018.

Pas de « table rase ». Chantal Mouffe remet au centre de son système la démocratie, qu'elle qualifie de « démocratie radicale ». Il s'agit en fait d'un retour aux origines qui met en avant « les valeurs démocratiques d'égalité et de souveraineté populaire » et d'une tentative de les rendre « effectives ». On voit bien qu'il y a là une critique au moins implicite des « gros principes », qui s'accommodent d'une totale ineffectivité. La philosophe fonde cependant son concept sur un antagonisme quelque peu figé, et à tout le moins anachronique, entre réformisme et révolution. La question est de savoir si un réformisme authentique n'est pas aujourd'hui objectivement révolutionnaire en ce qu'il est radicalement incompatible avec le néolibéralisme.

Quoi qu'il en soit, Mouffe et Laclau remettent la question démocratique en lumière, en phase avec les nouveaux mouvements sociaux, qui ont le plus souvent mobilisé sur ce thème. C'est le cas notamment des Indignés en Espagne, qui donneront naissance à Podemos, et dont le slogan était : « Nous avons un vote mais nous n'avons pas de voix. » Point besoin de « révolution » quand le seul mot d'ordre démocratique devient subversif. Mouffe cite Gramsci : « Renouveler et rendre critique une activité déjà existante[97]. » Mais qu'est-ce que cette « démocratie radicalisée » ? La souveraineté du peuple. Mais qu'est-ce que la souveraineté du peuple, cette magistrale proclamation de la Révolution ? Il s'agit bien sûr d'assouvir cette « passion de la liberté » dont parle Tocqueville, mais il reste à définir le peuple. Un mot pour deux sujets : le peuple en tant que construction politique a plus à voir avec la classe « en soi » de Marx que la masse indistincte des faubourgs qui habite le récit lyrique de Michelet et les discours de Mirabeau.

97. Antonio Gramsci, *Cahiers de prison*, Gallimard, 1983.

Le populisme de gauche, cependant, porte en lui une autre ambiguïté qui n'est peut-être pas pour déplaire à Mélenchon. Le concept forgé par le philosophe péroniste progressiste argentin Ernesto Laclau fait une place particulière au leader « charismatique ». Chantal Mouffe défend même l'idée d'un « leadership fort » qui ne soit pas un « autoritarisme ». Pour la philosophe, « une volonté collective ne peut pas se former sans une certaine forme de cristallisation d'affects communs, et les liens qui unissent un peuple à un chef charismatique peuvent jouer un rôle important dans ce processus[98] ». On imagine bien que Mélenchon puisse être à l'aise avec ce discours, qu'il assume et qui fait sa force en face d'une gauche timorée sur toutes les questions de personnes et de chefferie.

Un cas de populisme vulgaire

Toutefois, il existe un autre populisme beaucoup moins noble. La confusion n'est pas permise, à condition que les populistes de gauche ne tombent pas eux-mêmes dans le piège. Un exemple caricatural nous en a été donné au début de la crise de la Covid-19. Il s'est construit autour du professeur Didier Raoult, qui a réuni en quelques jours les deux principaux ingrédients de ce qu'on appelle « populisme » : la démagogie et le complotisme. Tout ce qui conduit généralement très vite dans la proximité idéologique de l'extrême droite. L'affaire a secoué la France dans le contexte de peur d'une pandémie qui venait tout juste d'envahir le pays. Elle nous intéresse dans le cadre de ce travail parce qu'une partie de l'opinion de gauche, active sur les réseaux sociaux, a pu se laisser embarquer dans

98. Chantal Mouffe, *Pour un populisme de gauche*, *op. cit.*

cette aventure. C'est en quoi cette histoire est une « question qui fâche » la gauche.

On pense à la phrase du grand historien Marc Bloch, qui n'aimait pas que l'idéologie fasse irruption dans sa science. Il illustrait cette méfiance d'une formule : « Partisans et adversaires de Robespierre, cessez de vous quereller, et dites-nous seulement quel fut réellement Robespierre. » L'affaire de l'hydroxychloroquine, ce médicament vanté par Raoult comme un remède miracle, a donné un exemple inquiétant de ce mélange des genres que redoutait Marc Bloch. Quand une molécule ne se juge pas à son efficacité mais à l'audimat de son promoteur. Et quand tout le monde a une opinion, alors que personne ne sait…

Le débat n'a cessé de dériver. Et c'est cette dérive qui nous inquiète, parce qu'elle nous dit quelque chose du moment politique que nous vivons. Il faut dire que le professeur est le premier responsable de ce glissement. Il s'était déjà singularisé dans un passé récent par son climato-scepticisme (« Le réchauffement climatique, moi, à titre personnel, je ne le vois pas[99] »). Il avait également mis en doute la réalité des attaques chimiques de la Ghouta[100]. Le monde est petit ! On retrouve là un classique de la désinformation : le doute. En affirmant sans preuve, et sans protocole scientifique digne de ce nom, que l'hydroxychloroquine prémunissait les malades du coronavirus contre une forme grave de la maladie, le professeur s'est attiré les critiques de ses confrères. Plutôt que de chercher à valider scientifiquement sa thèse, Didier Raoult a porté le débat sur un terrain idéologique. C'était lui contre les grands « labos »,

99. « "À titre personnel", Didier Raoult "ne voit pas" le réchauffement climatique », *Valeurs actuelles*, 5 mai 2020.
100. Didier Raoult, « La guerre en Syrie, les armes chimiques et le bioterrorisme », Le Point.fr, 17 septembre 2013.

lui contre les « mandarins parisiens », lui contre la ministre de la Santé. C'était Paris l'institutionnelle contre Marseille la rebelle. Il jouait sur du velours dans une partie de l'opinion, depuis l'extrême droite jusqu'à une gauche en proie à tous les doutes politiques. Une banderole géante de soutien à Didier Raoult s'est déployée au fronton de l'Institut hospitalo-universitaire qu'il dirige. Les réseaux sociaux se sont enflammés pour soutenir celui qui était devenu la victime des « Big Pharma » et des élites parisiennes. Et voilà même qu'une camionnette publicitaire sillonnait les rues de Marseille pour assurer la publicité du grand homme, portrait géant à l'appui. Si le mot populisme a encore un sens, c'est bien ici.

Aux critiques, le professeur répond avec arrogance que ses collègues du comité scientifique « ne sont pas au niveau ». Comme la plupart de ses pairs, il s'est pourtant beaucoup trompé, et sur un ton qui n'admettait pas la réplique. Le 21 mars 2020, dans un entretien à *La Provence*, il risque un pronostic : « Là, on en est à moins de cinq cents [morts]. On va voir si on arrive à en tuer dix mille, mais ça m'étonnerait[101]. » Il se gausse de « cette espèce de soufflé anxiogène qui monte ». Ajoutant pour finir : « Je suis scientifique, c'est ce qui manque dans notre pays. » Et encore : « Dans mon monde, je suis une star mondiale. » Narcisse en son miroir…

Tant de fatuité aurait dû inciter certains responsables de la gauche à la prudence. Mais l'appel de l'idéologie était trop fort. En un rien de temps, Raoult devient une sorte de Gilet jaune en blouse blanche. Dans son billet de blog

101. Alexandra Ducamp, « Coronavirus : "Je ne suis pas un outsider, je suis en avance", entretien avec le professeur marseillais Didier Raoult », *La Provence*, 21 mars 2020.

du 26 mars, Jean-Luc Mélenchon écrit dans son langage fleuri : « Le tableau fait de ce professeur, présenté comme un sauvage malpoli et provocateur, m'a évidemment tapé dans le nez, car je connais trop bien l'odeur de la peinture dont dispose la bonne société, ses médias et ses plumes à gages. » Comme un point de convergence de tous les populistes, le professeur Raoult et son « médicament miracle » sont aussi soutenus par Marine Le Pen et, loin de nous, par Donald Trump et Jair Bolsonaro, figures grotesques et dangereuses du populisme mondialisé. Il ne manquait plus à ce tableau que l'inquiétant Michel Onfray, qui recrute le professeur au milieu d'une belle galerie de droite extrême pour lancer sa revue *Front populaire*. Onfray fait lui aussi partie de ces célébrités, nombreuses de nos jours, qui ont trouvé un truc pour exister : elles « brisent des tabous ». Ce sont généralement des portes grandes ouvertes qu'elles enfoncent avec fracas. En fait de tabou brisé, Onfray donne la parole à toutes les nuances de l'extrême droite. Comme si celle-ci était sevrée de médias. Et Didier Raoult se retrouve là, rebelle parmi les rebelles, quoique soutenu par à peu près tout l'establishment politique de la droite marseillaise.

Ce populisme rance est intéressant à plus d'un titre. Il nous invite à prendre nos distances avec l'esprit de système. Car, en apparence, Didier Raoult avait tout pour plaire à une gauche radicale. Cheveux longs et allure dégingandée, il n'avait rien de commun avec les pontes s'exprimant le soir à la télévision, et bataillait contre l'époux de la ministre de la Santé, ancien président de l'Inserm. Le parfait portrait du rebelle, en résistance contre les forces occultes du capital. On en oubliait ses soutiens qui, eux, ne sont pas précisément des rebelles, Nicolas Sarkozy en tête. Mais comme dans le fameux proverbe de Confucius – « quand le sage montre la lune, l'idiot regarde le doigt » –, il ne fallait pas dans cette affaire regarder le doigt mais la lune, c'est-à-dire la molécule tant vantée par le professeur. Était-elle efficace, oui ou non ? Son efficacité avait-elle été démontrée selon les protocoles scientifiques habituels ? La réponse était deux fois non. Du coup, il fallait résister au bel autoportrait du professeur en rebelle anti-élite et anti-parisien.

L'entreprise a pourtant connu un énorme succès populaire. Le 5 avril 2020, est paru dans *Le Parisien* un sondage qui est une sorte de pépite de populisme pur. On demandait aux personnes sondées si « d'après elles » le médicament était efficace contre le coronavirus. Et, stupeur, 59 % des personnes interrogées répondaient par l'affirmative, tandis que 20 % étaient d'un avis contraire. Seuls 21 % des sondés donnaient l'unique réponse possible : « Je ne sais pas. » Si Donald Trump avait été interrogé, on sait ce qu'il aurait répondu. Il l'a dit un soir de conférence de presse à la Maison-Blanche : « J'ai commencé à en prendre [de l'hydroxychloroquine] parce que j'ai entendu beaucoup de bonnes histoires à son sujet. » Consternant. Ici, le vrai n'existe plus. C'est l'opinion qui réinvente le vrai et se construit à partir de préjugés. Mélenchon lui-même affirme : « Didier Raoult est trop mal aimé par les belles personnes pour ne pas éveiller l'intérêt. » Voilà donc le camp dans lequel il faut être : celui qui est contre les grands labos, contre les élites parisiennes, contre le ministre, contre le gouvernement. Et qu'importe l'hydroxychloroquine ! Esprit de système, quand tu nous tiens !

L'excellent Étienne Klein, philosophe des sciences mais sans doute un peu « mandarin », a commis à partir de cette affaire un petit livre remarquable, *Le Goût du vrai*[102]. Il cite le philosophe écossais David Hume, qui écrivait en 1742 : « Même si le genre humain tout entier concluait de manière définitive que le Soleil se meut et que la Terre demeure en repos, en dépit de ces raisonnements, le Soleil ne bougerait pas d'un pouce de sa place et ces conclusions resteraient fausses et erronées à jamais. » Les opinions ne font pas le vrai, et le complotisme qui prend le contre-pied du mensonge d'État ne suffit pas à forger une vérité. Sans doute les grands labos sont-ils surtout guidés par la recherche de profits ; sans doute les politiques mentent-ils souvent pour dissimuler les intérêts ou les incompétences qui se cachent derrière leurs décisions ; mais ce qui est vrai souvent n'est pas vrai toujours. Et l'idée selon laquelle les labos entravaient la diffusion de la molécule miracle parce qu'elle était déjà sur le marché et qu'elle ne leur rapporterait pas assez ne pouvait se juger par des sondages d'opinion, mais par des tests cliniques que Didier Raoult s'est refusé à faire. La leçon vaut dans tous les domaines. L'esprit de système ne remplace pas le discernement.

S'opposer, un art délicat

La crise du Covid-19 a constitué une épreuve redoutable pour les oppositions de gauche. Fallait-il critiquer toujours toutes les décisions gouvernementales, en souligner les contradictions et les « incohérences », selon un mot devenu pavlovien ? Se dire toujours « en colère » ? Le sujet s'y prêtait dans une situation qui était « objectivement » incohérente parce que le virus était inconnu et que les épidémiologistes et les infectiologues les plus éminents se sont beaucoup

102. Étienne Klein, *Le Goût du vrai*, Gallimard, « Tracts », 2020.

trompés. Et aussi parce que le gouvernement a beaucoup menti pour cacher le désastre d'un système de santé qu'il a, lui et ceux qui l'ont précédé, contribué à aggraver.

Dans ce climat anxiogène, le scepticisme était général. Que le gouvernement vînt à suivre l'avis du conseil scientifique, et il abdiquait de ses responsabilités : il livrait la France à une poignée d'experts ou de mandarins, parfois eux-mêmes soupçonnés d'avoir partie liée avec les laboratoires pharmaceutiques. Que le même gouvernement vînt à prendre quelques libertés avec l'avis des scientifiques, et il n'avait aucune légitimité pour décider.

Le débat le plus caractéristique s'est déployé au moment du premier déconfinement, à la fin du printemps 2020. Toute prise de décision résultait d'un arbitrage entre deux impératifs parfaitement contradictoires. Fallait-il privilégier le retour rapide à la normale économique ou continuer de paralyser l'économie pour privilégier le sanitaire ? Les oppositions n'ont pas toujours échappé à la tentation de la critique systématique. Rouvrir les entreprises et les écoles, pour permettre aux parents de retravailler, c'était faire le jeu du patronat. Les prévisions qui faisaient état de faillites massives d'entreprises et anticipaient sur des centaines de milliers de chômeurs supplémentaires paraissaient inaudibles. Lorsque, quelques semaines plus tard, l'ampleur de la crise économique et sociale a commencé à être visible, les oppositions se sont reportées sur la question sociale.

À la fin du mois de septembre, alors qu'une deuxième vague de la pandémie semblait inéluctable et que les fermetures de bars et de restaurants dans les grandes métropoles commençaient à susciter des réactions dans les jeunes générations (« On nous vole notre jeunesse », déplorait une jeune fille à la télévision ; « On nous sacrifie à des gens qui ont leur vie derrière eux», affirmait un autre), la critique se trouvait un nouveau champ d'expression aux accents libertaires. Une sortie de l'humoriste Nicolas Bedos, invitant à jeter les masques et à désobéir à toute consigne empêchant de «vivre quitte à en mourir», ouvrait les vannes d'une opposition décomplexée et fièrement irresponsable. Des doutes s'exprimaient. Au fond, cette pandémie était-elle si grave? Des guerres ne faisaient-elles pas plus de morts ailleurs? La grippe espagnole de 1918 n'avait-elle pas tué dix-huit millions de personnes? Et les désordres climatiques? Et la malaria? On passait du «pas assez» de précautions sanitaires au mois d'avril au «trop de précautions» au mois d'octobre, alors que la pandémie redémarrait de plus belle. Après le procès en «incohérence» des décisions gouvernementales, pointant l'absence de «consignes claires», le temps était à l'accusation d'«infantilisation» de la population, visant une pléthore de consignes. Une critique favorisée, il est vrai, par la verticalité de notre système et le ton martial du président de la République. Ces changements de pied étaient plus ou moins appuyés sur un fond complotiste soupçonnant tantôt le gouvernement d'être sous la dépendance des experts médicaux (rebaptisés péjorativement «hygiénistes»), et tantôt de ne pas tenir compte de leurs avis par souci de plaire au Medef.

Ce complotisme a également trouvé à s'articuler dans l'opposition Paris/régions. Marseille a été le foyer de cette contestation politico-géographique qui a atteint son paroxysme fin septembre 2020, lorsque le gouvernement a ordonné la fermeture des bars et des restaurants de la Cité phocéenne. On trouve dans cette affaire tous les clivages qui visent à fabriquer de nouveaux antagonismes reléguant le clivage droite-gauche: Paris/territoires, peuple/

élites, médecins au contact de la maladie/chercheurs de laboratoires ou chefs de grands services hospitaliers. Une sorte d'excitation colérique envahissait les médias. La peur cherchait sa cible. Notre société si habituée à vivre de certitudes, scientifiques notamment, redécouvrait l'incertitude mais ne voulait pas se l'avouer.

Les bonnes raisons de s'opposer n'ont pourtant pas manqué durant cette période si fortement anxiogène. Mais elles portaient moins sur la gestion au jour le jour de la crise, tributaire des correctifs incessants apportés par les scientifiques, que sur ce qui lui préexistait et qui renvoyait à la faillite d'un système. La France a découvert que son système de santé, tant vanté, était en fait dévasté par trente ans de néolibéralisme. Le manque de masques et les mensonges afférents, l'insuffisance de lits de réanimation, la pénurie de médicaments, la faiblesse des effectifs et pour finir la « découverte » d'une délocalisation massive de la production de médicaments vers la Chine et l'Inde par souci d'économies ont donné massivement raison à la gauche antilibérale.

Au cours de ces semaines pesantes, la France médiatique a également découvert ces « invisibles » qui assurent nos besoins vitaux : auxiliaires de vie, éboueurs, infirmières, caissières ou vendeurs des hypermarchés. Celles et ceux qui « occupent des fonctions en haut de l'échelle de la pénibilité mais en bas de la fourchette des rémunérations[103] », selon les mots de Clémentine Autain. Notre société a pris conscience qu'elle marchait socialement à l'envers. La crise nous a aussi fortuitement invités à repenser nos modes de consommation et nos rapports contraints à la grande distribution, spatiale ou numérisée.

103. Clémentine Autain, *À gauche en sortant de l'hypermarché*, Grasset, 2020.

Il y avait là matière à une critique systémique, anticapitaliste, autrement plus forte et signifiante politiquement que la discussion incertaine sur la date du déconfinement et l'ordre des réouvertures de classes. Mais il n'est pas simple de se débarrasser du réflexe de l'opposant impatient, trop impatient.

CONCLUSION

Je mets le point final à ce livre, fait d'allers et retours entre histoire et actualité, tout juste cent ans après le congrès de Tours. Et, comme pour donner raison à Michel Foucault, qui reprochait à la gauche de mimer éternellement son passé, il semble que nous ne soyons pas aujourd'hui si éloignés du grand schisme de décembre 1920. Le monde a changé, les pires tragédies que l'humanité ait connues ont marqué le XXe siècle de façon indélébile, nous avons pris conscience de la finitude de la Terre, de la relativité du progrès, des effets dévastateurs du productivisme, Internet et les réseaux sociaux ont bouleversé toutes les sphères de la communication, mais la gauche se montre finalement égale à elle-même, déchirée entre un pôle que l'on pourrait qualifier d'écolo-réformiste et un autre qui se veut révolutionnaire. Deux cultures se font face, à peu près aussi irréconciliables que l'ont été la social-démocratie et le Parti communiste.

La guerre des ego

Mais cette dualité culturelle ne nous dit pas le fin mot de la compétition pour la présidentielle de 2022. Car, entre cette esquisse de paysage où deux gauches clairement identifiées s'opposent, il y a une «question qui fâche» que je n'ai pas encore abordée, et qui fait généralement les délices des journalistes : la guerre des ego. Elle peut faire imploser toutes les théories et toutes les logiques, et faire surgir d'un confetti une ribambelle de candidats captifs d'un entre-soi meurtrier. C'est la menace qui pèse sur le pôle éco-socialiste. Rien n'assure que le nouveau Parti socialiste et Europe Écologie-Les Verts vont réussir à proposer une offre politique commune, ni qu'ils pourront être rejoints par le mouvement Génération.s de Benoît Hamon. Ils ont pourtant vocation à y parvenir. Mais la petite politique n'a pas fini de brouiller les cartes. Le premier secrétaire du PS, Olivier Faure, avait bien laissé entendre qu'il était prêt à s'effacer pour favoriser une candidature unique, mais la maire de Paris, Anne Hidalgo, ne semble pas disposée à pareil sacrifice. Et, comme souvent, les ambitions personnelles trouvent refuge derrière des débats d'apparence plus noble. En l'occurrence, c'est la question de la République qui fait argument aux socialistes pour chercher querelle aux écologistes. J'ai consacré à ce sujet de nombreuses pages, et je reste convaincu que la République est un concept trop flottant, à force de mésusages, pour servir de frontière entre un Bien et un Mal d'essence quasi religieuse. Pourtant, nous en sommes là. Accusés par la maire de Paris de n'être pas assez républicains, les Verts ont répondu par une dénégation indignée. L'heure d'un vrai débat n'est pas venue.

En face, Jean-Luc Mélenchon a eu à répondre à la même accusation de la part des mêmes accusateurs. On ne s'en sort jamais. La République, toujours la République. J'ai été frappé, pendant la crise du Covid-19, par le nombre des références à l'Allemagne, y compris dans les rangs de la gauche. Les dévots de la République oubliaient leur totem dès que l'on abordait des questions d'organisation administrative pratique face à la pandémie. Les mêmes font alors, en toute inconscience, l'éloge du système allemand, fédéraliste et décentralisé – soit l'exact contraire de notre République « une et indivisible ». C'est à croire que cette République à éclipses, que l'on vénère ou que l'on oublie selon les nécessités, n'est plus convoquée – mais avec quelle véhémence ! – que dans le débat sur la place de l'islam dans notre société. Sera-t-elle, de surcroît, l'écueil fatal sur lequel viendra se briser un projet de gauche unie ? Il ne s'agit évidemment pas pour la gauche de rejeter l'idée républicaine, qui fut si belle à l'heure de la Révolution, mais d'admettre qu'elle a surtout une longue histoire de promesses égalitaires non tenues. Conservons-la donc précieusement, comme une promesse.

Côté Mélenchon, la coalition qu'il aurait vocation à former avec les communistes pour constituer le deuxième pôle de notre gauche rencontre des obstacles d'une autre nature. L'évidence qui devrait réunir ces deux composantes pour réinventer quelque chose qui rassemblerait à feu le Front de gauche se heurte à ce que Freud appelait « le narcissisme des petites différences ». Il n'y a pas pire concurrent que celui qui vous ressemble trop. Les mots cruels échangés depuis des années ont laissé des traces. Si bien que la candidature du communiste Fabien Roussel n'est pas à exclure. D'autres personnalités risquent de se mêler au débat autour du même corpus idéologique. Le souverainiste Montebourg, notamment, semble vouloir jouer les outsiders.

À propos de Jean-Luc Mélenchon, j'ai alterné hommages et critiques. À l'image de l'homme, capable d'intuitions populaires et d'explorations populistes – qui ont le mérite de faire bouger les lignes – mais vivant dans le monde d'avant, comme si le mur de Berlin n'était jamais tombé. Et jusqu'à se perdre dans de terribles erreurs. Mélenchon est un Janus hésitant entre un néo-stalinisme qui constituerait pour la gauche une tragique régression et une offre sociale capable de redynamiser des catégories éloignées de la politique. Fidèle à lui-même, il s'est empressé de se déclarer afin de préempter l'espace politique de la gauche. Sa stratégie est connue : ses partenaires éconduits sont accusés de faiblesses à l'égard du pouvoir. Mais cet anathème fait courir le risque d'une division qui mène directement à la réélection d'Emmanuel Macron en 2022.

Éternel dilemme de la radicalité. Éloge trompeur de la vertu. Selon cette stratégie de désunion, ce sont les sondages qui feront le tri. Comme en 2017, Mélenchon espère sortir en tête de cette compétition officieuse et contraindre ses concurrents à rallier sa candidature au nom du « vote utile ». C'est un pari audacieux sur soi-même et un coup de force idéologique. Mélenchon affirme sa singularité absolue avec tant de force qu'il rend improbable toute convergence. Ce serait pourtant le moment de montrer, dès la campagne électorale, que l'on sort de la figure imposée de la Ve République. Il ne suffit pas de promettre d'en finir avec cette monarchie présidentielle, il faut rompre tout de suite avec les accents césaristes qui se complaisent dans des usages propres au système gaullien. La rupture doit être culturelle autant que politique.

N'oublions pas tout à fait dans ce tableau le vieux Parti socialiste, coupable d'avoir eu tous les pouvoirs et de les avoir perdus tous, et surtout d'avoir abîmé la gauche. Il a toujours en écurie quelques chevaux de retour qui n'ont pas dételé. François Hollande ne manque pas une occasion de se rappeler à notre souvenir, et Manuel Valls rôde à proximité de tout ce qui ressemble à un pouvoir.

Enfin, j'ai peu parlé du Nouveau Parti anticapitaliste (NPA). Celui-ci, surtout impliqué dans le mouvement social, me semble plus orienté vers une candidature de témoignage – peut-être encore avec Philippe Poutou. La figure de proue du NPA, Olivier Besancenot, est devenue, dans ce paysage compliqué, un fédérateur. Et son mouvement, inscrit dans l'héritage de Daniel Bensaïd, enrichit le débat et se trompe rarement de chemin. On le voit quand il s'agit de laïcité. On l'a vu à propos de la Syrie.

Urgence écologique, sociale, démocratique

Les deux pôles dont je fais ici l'hypothèse peuvent-ils se rapprocher? Le défi est aussi compliqué en politique qu'en géologie. Les appels ne manquent pas pour une candidature unique de la gauche. L'Initiative commune de Guillaume Duval et Christian Paul ainsi que le Big Bang de Clémentine Autain et Elsa Faucillon, avec de très nombreuses personnalités du monde syndical, ou issues de l'organisation d'éducation populaire Attac, ou encore de la Fondation Copernic, expriment un véritable mouvement de fond. On a vu la première concrétisation de ces initiatives avec l'appel de mille personnalités pour un «2022, vraiment en commun». Le salut peut venir de là si une pression assez massive s'exerce pour décourager les aventures personnelles.

Pour l'heure, il faut bien l'avouer, le tableau est peu encourageant. Alors, faute de pouvoir faire confiance aux grands acteurs de cette mini-tragédie qui prend parfois des airs de vaudeville, soyons attentifs à ce que Daniel Bensaïd appelait l'inouï. Les trois urgences – écologique, sociale et démocratique – nous interpellent. Sommes-nous à la veille d'une crise économique qui pourrait être notre « 1929 » et précipiter l'histoire dans l'inconnu ? La fameuse mise en garde de Hans Jonas, qui nous rappelait que « l'homme est devenu dangereux non seulement pour lui-même mais pour la biosphère entière[104] », ne cesse de se rappeler à nous. Notre devoir moral pourrait prendre également une dimension plus impérieuse alors que le péril autoritaire se précise au sein même du gouvernement d'Emmanuel Macron sous la pression de l'extrême droite. La place prise par la police dans notre ordre social depuis la mini-révolution des Gilets jaunes et la répétition de violences d'État couvertes par le pouvoir ont de quoi inquiéter.

Alors faut-il désespérer ? Il y a trop d'inconnu pour se résigner. Certes, cette élection du président de la République au suffrage universel est pour la gauche une broyeuse d'espoir. Elle nous ramène constamment à la question piégeuse du « qui ». Comment la dépasser ? Plusieurs propositions ont été émises. Celle d'une candidature collective. Un *shadow gouvernement* à la britannique. Ou, plus simplement, un ticket à l'américaine. En septembre 2017 – trop tard, hélas –, Jean-Luc Mélenchon avait regretté de n'avoir pas pu présenter un ticket président-Premier ministre avec Benoît Hamon. L'heure est peut-être venue de reprendre cette idée avec le candidat que les écologistes ou les socialistes se donneront. Des personnalités de bonne volonté existent dans tous les courants. Clémentine Autain et Manon Aubry, élues France insoumise à l'Assemblée et au Parlement européen, n'ont pas hésité à signer un appel à l'union de la gauche.

104. Hans Jonas, *Le Principe responsabilité. Une éthique pour la civilisation technologique*, Flammarion, « Champs », 2013.

Si nous devons tirer quelques leçons de la crise sanitaire, dont l'ombre redoutable a plané sur ce temps d'écriture, c'est d'abord le constat d'un engagement réconfortant autour de valeurs collectives. La conscience que nos actes individuels engagent la société, nos proches, nos voisins, le personnel soignant, notre système de santé. Il y a, si j'ose dire, une bonne contagion, plus forte qu'une simple solidarité affective. Nous pouvons mieux mesurer également la responsabilité humaine dans une crise climatique qui ne provoque pas seulement incendies et inondations catastrophiques, mais libère des virus qui seront potentiellement de plus en plus meurtriers. Le crime d'écocide prend corps dans l'imaginaire collectif. Derrière ces prises de conscience, il y a des valeurs de gauche auxquelles il faut donner une politique. Ce sont nos raisons d'espérer.

Achevé d'imprimer en janvier 2021 par Laballery (France)
Numéro d'impression : 012498
Dépôt légal : janvier 2021